Sentido común

MUY PERSONAL

- SALVADOR A. CARRIÓN LÓPEZ -

PNL, sentido común

OCEANO AMBAR

Diseño de cubierta: Enric Iborra

Milanesat, 21-23 – EDIFICIO OCÉANO
08017 Barcelona (España)
Tel.: 93 280 20 20* – Fax: 93 203 17 91
www.oceano.com

ISBN: 84-7556-119-5
Depósito Legal: B-36408-XLIV
Impreso en España - *Printed in Spain*
00192031

Índice

Capítulo 1

El sentido común y la PNL

Uno de los recuerdos de grata memoria que me acompaña desde la adolescencia –esa época de convulsiones y conflictos– es una frase que cierto profesor de matemáticas nos dijo a los alumnos de cuarto de bachillerato, cuando pretendía explicar la mejor manera de entender su materia: «*Si queréis comprender las matemáticas debéis utilizar el sentido común, aunque éste sea el menos común de todos lo sentidos*».

Desde aquel entonces no sólo quise descubrir cuál era ese «extraño» sentido del que –como decía– muy pocos disponían, sino también desarrollar el inestimable don con el que la Naturaleza nos dota.

Es curioso observar, y lo hago desde muy joven, el mal uso que la mayoría de las personas hacen de dicho término, pues no tienen asimilado su significado; pero todavía resulta más sorprendente cómo muy a menudo se remiten al «sentido común» para justificar su necedad, ignorancia o incluso indolencia.

Realmente no resulta sencillo descubrir el auténtico valor del concepto que nos ocupa; si recurrimos a las definiciones académicas, nos daremos cuenta de que, en lugar de clarificarnos, pueden llegar a confundirnos aún más. Sin embargo, cuando preguntamos a una persona sencilla, nada erudita, a uno de esos seres –hombres y mujeres– que viven próximos a la Naturaleza, y cuyo aprendizaje se ha basado en la experiencia y no en los libros, esas personas conscientes, que observan con atención los detalles que rodean los hechos, puede que obtengamos una respuesta mucho más clarificadora. Tal vez nos digan, que el «sentido común» es simplemente vivir en armonía con la Naturaleza, escuchar su voz, aprender su lenguaje, que tener sentido común es ser parte de la Vida.

El sentido común

El sentido común es algo así como un sentimiento natural y ecológico de respuesta no condicionada. Algunas veces se encuentra en experiencias «vulgares» –en el sentido etimológico de la palabra–, sencillas y comunes, y que surge desde el fondo del corazón del hombre.

El *sensus communis* o sentido de los sentidos era para los romanos algo más que sentido común: era también humildad y sensibilidad.

Para los filósofos griegos tenía que ver con la inteligencia natural, sana razón y afirmaban que el sentido común es la base para todo conocimiento de la verdad, y que sin él nada puede alcanzar el hombre.

Para el tema que nos ocupa, el sentido común como fundamento de la terapia con PNL, o dicho de otro modo, como camino para una terapia eficaz, trata de recuperar la capacidad que aporta el acto de juzgar o valorar razonablemente las cosas.

Entendiendo por juzgar, la facultad de distinguir entre el bien y el mal, lo correcto y lo incorrecto, lo oportuno y lo que no lo es.

Por otra parte, el término *razonable* también nos remite a otra facultad, la de reflexionar o discurrir el entendimiento, siendo este último el acto de formarse una idea clara de algo o averiguar el ánimo o la intención de alguien.

La PNL

Conviene recordar también lo que es PNL, aunque sin duda los lectores ya lo sabrán, pero siempre resulta aconsejable unificar los conceptos para una mejor comprensión.

Programación Neuro Lingüística son tres palabras que nos describen la filosofía de esta metodología.

- **Programación:** Término que hace referencia al proceso que sigue nuestro sistema de representaciones sensoriales para organizar sus estrategias operativas. Son los «programas mentales» que tenemos establecidos.
- **Neuro:** Toda acción y toda conducta son el resultado de la actividad neurológica como respuesta a nuestra actividad mental. Los programas son ejecutados por mediación de los impulsos neurológicos ordenados por nuestro cerebro.
- **Lingüística:** La actividad neurológica y la organización de las estrategias operativas se exteriorizan a través de la comunicación en general y del lenguaje en particular.

Así pues, realizar una correcta función terapéutica con PNL no es más que usar el sentido común tal y como hemos enunciado anteriormente. Es decir, conocido el síntoma de un paciente, a través de su comunicación verbal y no verbal, hemos de descubrir con el buen juicio la intención de la persona –sus estrategias operativas–, para que con sana razón o razonamientos ecológicos, le ayudemos a que ponga en marcha y use su capacidad natural para recuperar la salud.

Psicosofía o sabiduría del alma

Carlos, un compañero de colegio, se marchó a EE. UU. a estudiar psiquiatría en una de las universidades más prestigiosas; posteriormente se estableció como psicoterapeuta en Nueva York. Cuando –al cabo de los años– fui a visitarlo a su magnífica consulta de uno de los barrios más costosos de la ciudad, quedé impresionado de lo que había conseguido. Me recibió su secretaria que me acomodó en una lujosa sala de espera, poco después entró una enfermera que me indicó que la acompañara que el doctor me recibiría de inmediato, pasándome a otra sala, no menos lujosa que la anterior, hasta que finalmente entró Carlos. Tras los saludos de rigor me enseñó las instalaciones. Cuál fue mi sorpresa al ver en una de las estancias una mesa de despacho separada del resto de la habitación por una mampara de cristal antibalas –como las que se usan en las ventanillas de los bancos–.

—¡Carlos! –exclamé– ¿Para qué usas la mesa detrás de ese vidrio?

—Salvador –contestó– no sabes la mala energía de la gente, y con esto estoy a salvo de ella.

Y este conocido mío decía ser un sanador de enfermos mentales. Desde luego, ni están todos los que son, ni son todos los que están. ¡Qué cosas se ven en el mundo!

Dice un maestro sufí de nuestra época:

«Cuando aprendan a leer con la Naturaleza
habrán alcanzado el conocimiento.»

¿Qué hacer entonces para que tal sentido sea el menos común de todos ellos, como anunciaba aquel preceptor de mi juventud? Si los hombres tuviéramos la capacidad de cuestionarnos el actual modo de existencia, y nos diéramos cuenta de que al menor conflicto, a la más mínima dificultad, a causa de cualquier insignificante dolencia o malestar vamos de aquí para allá en busca de algo o alguien que nos aplique un remedio, sin esforzarnos por indagar la raíz del mal. Si reconociéramos que con dicha actitud siempre quedamos a merced de los demás, tal vez empezaríamos a ser algo más conscientes de que las causas de muestras alteraciones son simples desajustes entre lo que queremos –tal vez indebidamente– y lo que tenemos.

La mayoría de las veces nuestras alteraciones fisiológicas o psicológicas son consecuencia de un permanente estado de insatisfacción, de inconformidad, de envidia o de cualquier otra baja pasión.

Y su tratamiento pasa por un cambio de actitud, por moldear el ego, por limpiarnos de los vicios que se han adherido, por abandonar lo superfluo y buscar lo real; se trata de alcanzar la sabiduría innata del alma, el *sentido común* que subyace en el interior de todo hombre y mujer. Es lo que llamo «psicosofía» o «sabiduría del alma».

Una visión integradora con la Naturaleza

Día a día comprobamos atónitos cómo los diferentes gremios de las llamadas ciencias de la mente, se «pelean» entre sí para captar a los millares de personas necesitadas de orientación psicológica.

Sin embargo, recuerdo que no hace mucho, cuando alguien se encontraba en una de las muchas crisis que en toda época y a toda persona le llega –conflictos entre emociones y razón, entre el quiero y el debo, dificultades de relación, enfrentamientos o disgustos familiares, insatisfacción de vida, problemas para superar el duelo o la pérdida, incomprensión ante la muerte, choques entre los valores éticos o morales, y los comerciales o empresariales, falta de recursos internos, estados de ansiedad y miedo ante un futuro incierto– se consultaba al anciano padre, abuelo, cura, o al «sabio» de la familia, del pueblo o de la tribu, y éste, sin licenciaturas o doctorados teóricos, sino con experiencia y años de vida, le facilitaba las claves para ver el problema desde otra perspectiva, con una visión más amplia e integradora para ayudar a la resolución del problema.

Lamentablemente, la sociedad actual, ávida de «titulitis», carece de valores transpersonales reales y está empeñada en el consumo de cualquier cosa y a costa de quien sea, habiendo destronado la autoridad de instituciones religiosas. Como dice Lou Marinoff en su libro *Más Platón y menos Prozac*: «*La psicología y la psiquiatría traspasan los límites de su utilidad en la vida de la gente (y comienzan a hacer más mal que bien)*». La sociedad actual, encabezada por el academicismo, ya no da importancia a la experiencia de nuestros mayores, o de aquellos que, tras superar duras pruebas a las que nos somete la vida alcanzan una gran madurez y, por lo tanto, poseen una auténtica capacidad y términos de referencia para ayudar.

Y yo me pregunto: ¿dónde ha ido a parar el *sentido común* de los hombres, de nuestros «sesudos dirigentes»?

Nasrudin dijo algo poco gramatical mientras dirigía un barco a través de un lago de aguas agitadas.
–¿No has estudiado nunca gramática? –le preguntó el erudito que viajaba conél.
–No –respondió el barquero.
–En tal caso, has perdido la mitad de tu vida –añadió el letrado.
Unos minutos más tarde, y en medio de la fuerte tormenta, Nasrudin se volvió hacia el pasajero y le dijo:
–¿Has aprendido a nadar?
–No, ¿por qué?
–En tal caso, has hechado a perder toda tu vida: ¡nos estamos hundiendo!

En uno de mis largos periplos por la selva amazónica, conocí a un sorprendente personaje cuya profesión, reconocida y pagada, era la de conversador. Sentado en la terraza de cualquier bar o de su casa, se dedicaba a charlar y a escuchar, especialmente, los problemas que le planteaban sus conciudadanos. Era una persona con gran experiencia, que había viajado mucho, con conocimiento del dolor, con éxitos y fracasos a sus espaldas, conocedora de gentes y de culturas, explicaba al cliente su propio punto de vista, e incluso el posible punto de vista que en otros lugares o culturas podrían tener de su situación, contaba sus propias andanzas y sinsabores y cómo los había superado; en definitiva, aportaba alternativas. ¿Titulación académica de este hombre? Ninguna. ¿Experiencia de vida? Toda.

Hoy en día en la mayoría de los gabinetes de asesoramiento psicológico, en los que el desconocedor e ignorante ciudadano no tiene más alternativa que acudir, ocurre lo contrario: ¿Titulación académica? Sí, un trozo de papel colgado en la pared; ¿experiencia de vida? Ninguna. Muchos de los autodenominados profesionales de salud mental, se limitan a recordar –como mucho– recetas escritas, definiciones sintomáticas, y a explicarle al paciente que «tiene una aguda depresión endógena». Y se quedan tan tranquilos. Cuando el paciente –en la mayoría de los casos– no tiene recursos de pensamiento adecuado, carece de la habilidad para buscar alternativas –porque siempre se las han dado–, en definitiva, le falta el mínimo «sentido común».

Ya desde la remota antigüedad, el sentido común era equivalente al establecimiento de una relación consciente y armónica con la Naturaleza.

Un día de mi viaje por la selva amazónica hube de trasladarme a pie en el valle de Paucartambo, en la selva peruana; me encontré ante un obstáculo natural que por su caudal y bravura era imposible franquear. El río Qeros corría ante mí con tal fuerza e ímpetu, que todos los intentos que hacía por cruzarlo resultaban baldíos. Toda una jornada tratando de atravesar aquella masa de agua; unas veces a nado buscando alcanzar la orilla opuesta, otras atado a una cuerda para evitar el arrastre, otras ayudado de estacas; pero el empuje de la corriente era tan poderoso, que me arramblaba una y otra vez, sin permitirme avanzar más de cinco o seis metros de los treinta o cuarenta que tenía de ancho.

Al atardecer, un indígena surgió de entre la espesura verde, y observándome, se dio cuenta de los esfuerzos inútiles que una y otra vez yo repetía, luchando contra la Naturaleza. Sin mediar palabra, remontó por la orilla hasta un cierto punto distante de donde me encontraba, se lanzó al agua, y dejándose arrastrar por la corriente fue trazando una diagonal, sin esfuerzo, hasta alcanzar el margen opuesto justo enfrente de mí. Me miró, sonrió, y volvió a ejecutar la misma operación desde el otro lado, viniendo a parar a mi lado. Por último, de nuevo otra sonrisa y desapareció tan sigilosamente como había aparecido.

Creo que nunca recibí mejor lección de «sentido común», de sintonía con el medio, de armonización con el entorno, de alineamiento con fuerzas; en definitiva, de sabiduría natural y experiencia viva.

Capítulo 2

Estructura de la terapia

Es importante puntualizar antes de adentrarnos en este capítulo, cuando nos referimos al enfoque terapéutico con PNL, nos limitamos al tratamiento de personas.

No obstante, sabemos que los facilitadores de cambio con PNL pueden aplicar la metodología a cualquier individuo, sea cual sea su dimensión (pareja, grupo, comunidad, sociedad), y en cualquier sistema, independientemente de su tamaño (familia, empresa, ayuntamiento).

Aquí sólo vamos a tratar la terapia personal individualizada, referida al ser humano como unidad.

¿En qué se fundamenta la terapia con PNL?

Por supuesto, en el *sentido común.*

Sabemos que cuando se acude al terapeuta para cualquier intervención con PNL, es porque existe un problema o una situación que el sujeto se siente incapaz de resolver por sí mismo, y tiene necesidad de la visión objetiva (metavisión) del especialista.

La función de éste es la de aportar una nueva perspectiva –o más de una–, y abrir la vía que conduzca al sujeto a la resolución del conflicto que lo tiene bloqueado.

Siempre partimos de la base de que un problema no es más que la distancia que existe entre el *estado presente* y el *estado deseado* por el individuo.

La metáfora que lo explica podría ser mi propia historia del río. El problema era el caudal de agua y los estados, ambas orillas: en la que me encontraba y a la que quería llegar.

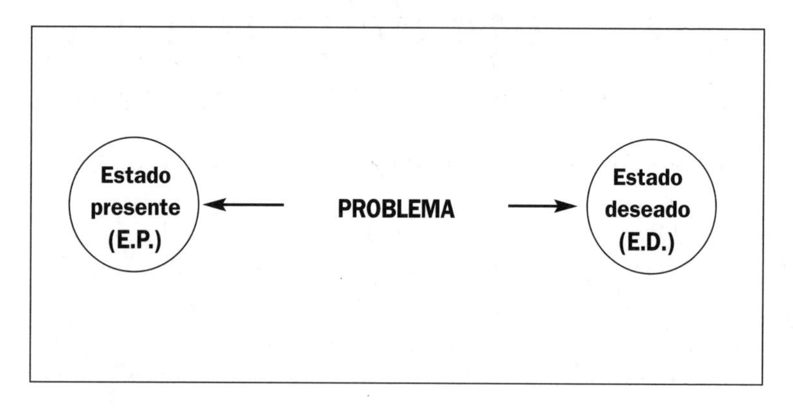

Variar la forma de valorar

En el ser humano ambos estados –el presente y el deseado– son subjetivos y, por lo tanto, pertenecen al terreno del subconsciente.

Uno de los principios fundamentales en la ortodoxia neurolingüística es que trabajamos con la *forma*, no con el contenido; y uno de los motivos para esta premisa es evitar interferencias o condicionamientos.

Las palabras –lingüísticamente hablando– pertenecen a la «estructura de superficie» y han sufrido las correspondientes «derivaciones», deformando la «estructura profunda» referente a la experiencia original. En consecuencia, para evitar cualquier «violación», interpretación, imposición o condicionamiento, es muy recomendable –siempre que sea posible– no indagar o referirnos al contenido de los hechos.

La intervención terapéutica sería entonces abrir la mente subconsciente del paciente a nuevas posibilidades, a nuevas fórmulas no contempladas anteriormente, al descubrimiento de recursos, a la búsqueda de alternativas, a la generación de medios tendentes a la resolución del problema.

O lo que es lo mismo, hacer que la perspectiva con la que el sujeto contempla el problema se modifique, distanciándose por unos momentos de la situación, y que de ese modo pueda observar objetivamente su propia situación encontrando así nuevos caminos para salir del laberinto. Los contenidos siempre están ahí, lo que el sujeto puede variar es su forma de valorar o recordar los sucesos.

El proceso más puro en este sentido pasa por permitir que sea el propio subconsciente el que descubra las alternativas, incluso aunque éstas no lleguen a ser conocidas por el consciente. Podríamos afirmar que la única y más eficaz forma de terapia sería un reencuadre realizado en la «estructura profunda», ya que éste modificaría la comprensión y, por supuesto, la «estructura de superficie».

El terapeuta

Todo lo que hemos explicado anteriormente –aunque es suficiente– ha de comprenderse a partir de la propia experiencia del terapeuta, y de nada sirve que se proponga o aconseje. Por lo tanto, voy a presentar un modelo de terapia con PNL, que en tanto no estamos en disposición de utilizar lo anterior, es el de mayor utilidad.

Como en cualquier hecho ejecutado de forma precisa, para que la terapia se pueda desarrollar eficazmente debe reunir ciertos requisitos imprescindibles: unos los debe integrar el paciente, y otros deben partir del terapeuta. Por lo tanto, consideraremos tres factores clave:

«Cuando hayas olvidado todo,
estarás en disposición de utilizarlo todo.»

- **Intención**. Una fuerte predisposición a servir de ayuda (para curar, resolver), tomando conciencia de que tan sólo somos un canal, para que el proceso –que ejecutará el propio paciente– se lleve a cabo.
- **Relación**. Establecer una impecable y armoniosa relación con el sujeto, utilizando el *rapport* a «todos» los niveles de comunicación que seamos capaces. La mayoría de las personas llegan a la consulta con miedo, con resistencias y con cierto «complejo de bicho raro». Por lo tanto, es básico crear un clima de confianza, empatía, esperanza y seguridad.
- **Ritual**. Muchas veces no es suficiente con saber qué remedio aplicar, o qué técnica utilizar, se requiere una cierta dosis de hábil sutileza «ritualista», amén por supuesto, de manejar de forma precisa –e incluso podríamos decir artística– las técnicas que resulten más apropiadas de entre los modelos disponibles en PNL.

Un médico sufí tenía un discípulo que le insistía en que le permitiera ejercer el arte de la medicina.
–Eres demasiado impaciente –le dijo el maestro– y debido a ello, fallarás en la observación de ciertas cosas que aún necesitas aprender.
El aprendiz, sin hacer caso a las recomendaciones, seguía insistiendo, y el sufí accedió.
Un día, un paciente se acercó andando a la consulta, y el doctor, calibrándolo desde la distancia, apuntó:
–Ese hombre está enfermo. Necesita comer granadas para recuperar la salud.
–Maestro, has hecho el diagnóstico, déjame recetarle y habré hecho la mitad del trabajo –añadió el estudiante.
–Bien –contestó el sufí– siempre que recuerdes que la acción también debe ser considerada como ilustración.

Nada más llegar el paciente, el discípulo le hizo entrar a la consulta. Y sin mediar conversación alguna, le dijo:
–Usted está enfermo, necesita tomar granadas.
–¿Granadas? –exclamó el sujeto– ¡Usted no tiene ni idea, y las granadas se las comerá usted! Y se marchó enfadado.
El aprendiz sorprendido, preguntó al maestro qué había sucedido.
–Te lo mostraré la próxima vez que atendamos un caso similar –contestó.
A los pocos días, se aproximó otro paciente de iguales características al anterior.
–Ahora tienes la oportunidad de aprender, ese hombre que se acerca también necesita granadas –señaló el maestro.
Hizo entrar al paciento y le auscultó mientras le decía:
–Su caso no resulta sencillo, sino todo lo contrario. Déjeme reconocerle con más detenimiento... Ciertamente, usted necesita algo muy especial, una dieta poco común. Y debe estar compuesta de algo esférico, con pequeños alvéolos en su interior, que crezca naturalmente. Tal vez naranja... No, sería un color equivocado... Limones, tampoco, son demasiado ácidos... Podría ser... Sí, ya sé: ¡granadas!
El paciente asintió encantado, y se marchó muy agradecido.
–Pero maestro –dijo el estudiante– si sabía desde el principio que lo que necesitaba eran granadas, ¿por qué no se lo dijo directamente?
–Por la simple razón de que además de granadas –añadió pacientemente el sufí– él también necesitaba tiempo.

IDRIES SHAN, *Un escorpión perfumado*

Si ya se cumplen los requisitos previos, el siguiente paso en este proceso no es otro que la identificación de los dos estados referidos: el presente y el deseado, para poder calcular la «dimensión» del problema.

Esto no es otra cosa que puro sentido común, al no tenerlo en cuenta, muchos tratamientos terapéuticos fracasan pues no conocen el origen del conflicto, ni a dónde desea llegar el paciente. No obstante, donde desea ir el paciente, surgido desde el consciente, puede ser en ocasiones aún más perjudicial o contraproducente que el propio estado presente.

En este punto, el terapeuta ha de actuar como «ángel de la guarda», evitando que la lógica –muchas veces ilógica– decida lo que conviene al individuo, cuando el que tiene toda la información para proponer los cambios es el subconsciente.

El subconsciente

¿Crees que vivirías mucho tiempo si fuera tu consciente el que se encargara de controlar tu ritmo cardíaco o tu circulación sanguínea? Seguro que no: en cuanto algo atrajera tu atención, dejarías de lado al corazón o al sistema circulatorio, y tendrías un paro cardíaco o una embolia. Por lo tanto, en cuestiones de salud, ya sea mental o física, quien más sabe de nosotros es el guardián permanente, que ni duerme ni se cansa y ése no es otro que nuestro propio subconsciente.

El amor

Por encima de todas las técnicas, de todos los modelos, de todos los sistemas, está el factor humano y en especial, el amor. Sigmund Freud, al final de su vida, admitió que su terapia había sido un fracaso, salvo en los casos que sentía amor hacia sus pacientes. Pero el amor por sí solo no soluciona los problemas, se requiere de un medio para que el amor –o *sentido común*– llegue al paciente, y eso es lo que pretendo trasmitir en este libro.

Elementos de un problema

Antes de iniciar el tratamiento terapéutico, tenemos que preguntarnos, y procurar responder las siguientes cuestiones:

- ¿Qué compone o qué forma la estructura del problema?
- ¿Qué es aquello que nosotros llamamos «dimensión del problema»?
- ¿Cuáles son los «atractores» que impiden el movimiento de cambio? o lo que es igual, ¿qué son esas fuerzas que mantienen al sujeto inmovilizado ante el conflicto?
- ¿Cómo sabemos que lo detectado o comunicado por el paciente es lo correcto o adecuado?

No basta con querer, hay que saber qué es lo que se quiere. Y no sólo eso, hemos de identificar los impedimentos con los que nos enfrentamos o con los que se enfrenta nuestro paciente.

Como podemos ver en la figura, son varios los factores que hemos de resolver a la hora de salvar la distancia entre el *estado presente* y el *deseado*, que dan respuesta a algunas de las preguntas planteadas anteriormente.

Los elementos que componen un problema y los que determinan su dimensión, se detallan a continuación.

Estado presente

He aquí el punto de partida de cualquier tratamiento: identificar con precisión, definir con exactitud y diferenciar las cortinas de humo que lanzan los sujetos en muchas de las consultas.

Para ello contamos, o debemos contar, con una óptima capacidad de calibración –algo imprescindible– y con el metamodelo de lenguaje, así como con otros modelos de cuestionamiento que iremos presentando a lo largo de este texto.

La correcta identificación de los síntomas y de las causas generadoras del estado presente –no las aparentes, sino las reales– es una de las más valiosas habilidades que necesita desarrollar un profesional de la terapia, y muy especialmente de PNL.

Estado deseado

Es lo que el sujeto quiere conseguir cuando acude a un terapeuta. Un objetivo bien formulado es más del 50% de la resolución de un conflicto. Las condiciones de una buena formulación para la fijación de los objetivos son piezas clave e imprescindibles en un proceso idóneo. Muchas personas no saben cómo quieren encontrase, sólo afirman no querer estar como están, pero eso nunca es suficiente para cambiar.

En este apartado recordamos las recomendaciones ofrecidas líneas atrás, sobre la mala gestión (poco ecológica) que el consciente realiza –en la mayoría de las ocasiones– de los hechos y estados deseados (tanto materiales como mentales).

En PNL consideramos *problema*, a la distancia que existe entre el *estado presente* y el *estado deseado*. Esa separación se produce por ciertos elementos, que a continuación consideraremos.

Las creencias

Son las generalizaciones expresadas o pensadas que tenemos sobre nosotros mismos y sobre el mundo.

- ¿Qué es posible respecto a esta situación?
- ¿Dónde están mis (o las) limitaciones?
- ¿Qué significa lo que hago, o lo que voy a hacer?
- ¿Qué es importante o necesario en estas circunstancias?
- ¿Cuál es la causa de esta situación?
- ¿Qué efectos produce o producirá?

- ¿Quién soy yo para querer o aspirar a eso?
- ¿De qué soy capaz?

En muchas ocasiones, los cambios no se producen porque subyacen creencias que no nos lo permiten. ¿Pero, qué impide cambiar esas creencias bloqueadoras?

Indudablemente, ciertos beneficios que el sujeto obtiene de dicha creencia inmovilizadora.

Por lo tanto, si queremos facilitar la ampliación de cualquier mapa, incorporando creencias potenciadoras que sustituyan a las limitantes, hemos de salvaguardar los beneficios o reencuadrarlos. Más adelante ampliaremos la información referente al trabajo con creencias.

La fisiología

Se trata de la capacidad y las cualidades físicas de que disponemos para alcanzar el *estado deseado*. Cuerpo, conductas y acciones están íntimamente relacionadas, tanto con la posibilidad o no de alcanzar la meta, así como con la disponibilidad de nuevos recursos.

¿Cómo son las secuencias específicas de comportamiento que se siguen o se deben seguir para alcanzar el *estado deseado*? ¿Cuál es el estado físico general del sujeto?

En el análisis de este factor hemos de contar con todas las pistas y signos que nos faciliten la detección de las estrategias (movimientos corporales, posturas, respiración, gestos, etcétera).

El estado físico juega aquí un papel importante, ya que dependiendo de la salud, fortaleza, edad o condiciones, podemos optar o no por ciertos objetivos.

La calibración aguda y precisa es una herramienta fundamental para el buen desarrollo de la intervención terapéutica. El profesional de PNL no dispone de otra fuente fiable en la detección de estados, síntomas, conductas y microconductas que la calibración. La principal recomendación es que se practique insistentemente, que se hagan ejercicios para desarrollar esta habilidad, ya que sin ella nunca se alcanzará la maestría en el manejo de la PNL.

Las estrategias

Se trata de los programas neurológicos que organizados en nuestro cerebro, dirigen y estructuran nuestros comportamientos y respuestas orgánicas.

Estos diagramas mentales por los que nos movemos psíquicamente, las secuencias de pasos del sistema representacional (SR) que nos conducen a los resultados, son otros de los factores que impiden la consecución de metas o el restablecimiento de la salud.

Las herramientas con las que podemos contar para identificarlas son:

- **Sistema sensorial (perceptual).** Sentidos, el sistema representacional y sus modalidades más altamente valoradas (VAKOG).
- **Submodalidades.** Las calidades específicas de las modalidades de las representaciones sensoriales. No olvides que éstas son las diferencias que marcan la diferencia.
- **Sinestesia.** Aquellas secuencias de respuestas preestablecidas que conectan dos modalidades del SR.

Recursos

Nos referimos a las técnicas, habilidades, patrones y modelos de conducta de que disponemos o necesitamos incorporar en el sujeto para mejorar y superar les interferencias.

Interferencias

Todos aquellos factores endógenos y exógenos que se interponen entre el sujeto y su *estado deseado.*

Ecología

Los elementos ambientales y de equilibrio (personas, medio, momento), que deben ser considerados con el fin de que no intercepten de ningún modo (ya sea física o psíquicamente) la meta marcada.

El sistema representacional

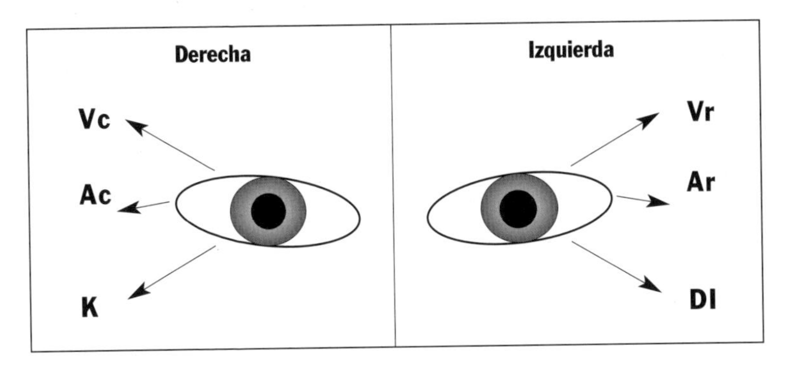

Identificación por los accesos oculares

Vr: Visual recordado.
Vc: Visual creado o imaginado.
Ar: Auditivo recordado.
Ac: Auditivo creado o imaginado.
K: Kinestésico.
D.I.: Diálogo interno.

Estos datos son siempre referidos al rostro del interlocutor. Las ubicaciones que se muestran en el dibujo corresponden a:

Vr = Colocamos los ojos (miramos) arriba a la izquierda.
Vc = Colocamos los ojos (miramos) arriba a la derecha.
Ar = Miramos hacia el rabillo del ojo a la izquierda.
Ac = Miramos hacia el rabillo del ojo a la derecha.
K = Colocamos nuestros ojos abajo a la derecha.
D.I. = Colocamos nuestros ojos abajo a la izquierda.

Cuando posicionamos nuestros ojos arriba al centro, como si estuviesen desenfocados, estamos procesando imágenes que pueden ser tanto recordadas, como creadas.

Otras formas de identificación de la modalidad del sistema representacional de mayor valoración se muestran en el siguiente esquema:

	Visual	Auditivo	Kinestésico	Digital
Movimiento de los ojos	↖↗	↔	↙	↘
Voz: Tono Volumen Ritmo	↑	↔	↓	↓
Tensión muscular	↑	↔	↓	↓
Respiración	↑	↔	↓	↔
Postura	Hombros altos	Hombros balanceados	Hombros bajos	Hombros balanceados
Gestos	Parpadeo rápido	Cabeza atrás	Cabeza firme	Postura pensador
	Señala los ojos Manos móviles Piel pálida	Señala los oídos Tórax desarrollado Piel uniforme	Se toca el cuerpo Movimientos lentos Pies en la tierra	Apoya la mano en la frente lateral Rígido frío calculador Usa palabras precisas

Motivación, medios y momento

Los ocho puntos descritos, aunque no son los únicos, como veremos, son los primeros que se deben tener en cuenta al inicio de cualquier sesión terapéutica, sin olvidarnos de las tres *emes* definidas para un correcto planteamiento inicial –motivación, momento y medios–.

Estos tres nuevos elementos son aplicables tanto al sujeto como al facilitador, e influyen tanto en la aceptación del tratamiento por parte del sujeto, como del terapeuta a la hora de ser más eficaz y profesional en su trabajo e intervención.

Motivación

Equivaldría a querer, a tener el propósito activo de alcanzar aquel objetivo en el cual se cree. Se considera que para que haya motivación han de existir ciertas estrategias con umbrales de intensidad lo suficientemente altos como para mantener la conducta. Para ello, la meta fijada ha de ser válida, beneficiosa y estar dentro de nuestras posibilidades.

La motivación se encuentra directamente relacionada con los valores fundamentales del individuo. Para motivarnos o motivar a los demás es necesario conocer el fin para el que se necesita un acicate, ya que es imprescindible que éste conduzca a la adquisición de algún valor que el individuo tiene como vital en el área concreta para la que necesita motivarse.

No existe motivación para un acto de servicio, ayuda o socorro, si esos valores no se encuentran en el escalafón del sujeto; mientras que se requiere poco esfuerzo para animar a alguien a ir a una fiesta, si en su baremo de valores se encuentra la diversión como algo fundamental.

No es posible motivar en un determinado nivel superior, si el nivel inferior que lo sostiene no se encuentra satisfecho. Como decía Buda: «*A un hambriento no le hables de Dios, enséñale a pescar*». Sin necesidad (real o imaginaria) no puede haber motivación, y sin motivación no hay acción, o al menos ésta no es duradera. Para que exista motivación, el beneficio que el paciente espera conseguir ha de ser lo suficientemente valioso e importante para que se comprometa.

El terapeuta tendría que indagar y detectar en su paciente si existe la motivación para el cambio, si tal cambio le conduce a la adquisición de valores importantes; de lo contrario, las resistencias serán manifiestas y el esfuerzo extremo. Asimismo, el propio profesional debe analizar periódicamente su motivación para el trabajo (¿Me dirige este trabajo a la adquisición de los valores a los que aspiro?) ya que, de lo contrario, éste será cada vez más deficiente. Conviene renovar las metas, los retos y los niveles de excelencia a los que se desea llegar.

Tengo una anécdota al respecto: Un psiquiatra psicoanalista freudiano que se formó completamente en PNL conmigo, quedó tan impactado por la nueva metodología que comenzó a aplicarla de inmediato. Estaba encantado por la eficacia de las técnicas y la rapidez con la que ahora resolvía casos complicados. Hasta ese momento, él tenía muchos pacientes y pasaba consulta en varias ciudades, lo que le permitía mantener un elevado nivel de vida. Su situación económica era boyante: magnífica casa, modernas consultas, chalet en la playa, vacaciones en la nieve y en el extranjero. Todo ello gracias a la fiel «clientela» que durante muchos años consiguió a través de los largos tratamientos psicoanalíticos.

Pero cuando comenzó a utilizar la PNL, la situación cambió: eran tan rápidas las terapias, que en dos o tres sesiones sus pacientes mejoraban y dejaban la consulta, mientras que con el psicoanálisis, se mantenía su fidelidad durante tres, cuatro o hasta diez años. Aunque seguía teniendo una muy amplia clientela, ya no resultaba tan lucrativa como antes y, además, tampoco tenía pacientes fieles como antaño.

Cierto día me telefoneó diciéndome que se veía obligado a dejar la PNL en terapia, que se estaba arruinando, que ya no le era posible mantener el «tren de vida» que llevaba y que volvía al redil freudiano. Así lo hizo y lo sigue haciendo. Sus necesidades de riqueza, propiedades, lujo, confort, etcétera estaban muy por encima del servicio, la ayuda o el socorro, que ni siquiera existan en su escala de valores.

Medios

O cómo hacerlo. Necesitamos conocer los pasos específicos, tanto físicos como mentales, para alcanzar el *estado deseado*. Disponer de los recursos o conocer el lugar donde se encuentran, también consiste en tener la formación y la experiencia práctica para saber aplicarlos.

Aquí interviene también un factor, que muchas veces ayuda más de lo que nos imaginamos: el ambiente en el que desarrollamos nuestra actividad. Si la sala, el gabinete o la consulta son fríos o poco cálidos, si la iluminación resulta agresiva o dañina (incluso a niveles inconscientes), si las paredes nos transmiten sensaciones de agobio o rechazo, ¿qué podemos esperar del paciente?

Tal vez tu despacho o consulta sea de «diseño» y te hayas gastado una fortuna en la decoración, pero ¿has pensado en el impacto que causa sobre tus pacientes?, ¿resulta realmente acogedor, cómodo y confortable para ellos?, ¿o lo único que te importa es la imagen que proyectas?

Es importante cuidar los detalles si pretendemos una aproximación a los pacientes; para que nuestra labor resulte de mayor eficacia conviene allanar el terreno, haciendo que se sientan cómodos, incluso mejor que en su propia casa.

No olvidemos jamás que el elemento fundamental y más importante de la terapia es el paciente, y que todo tiene que estar enfocado hacia él, a fin de que podamos cumplir nuestra función como terapeutas.

Momento

Es algo así como la capacidad para detectar o determinar la oportunidad, el cuándo de la acción, atendiendo al lugar, el tiempo y a la persona. Se trata de la habilidad de dar con el instante adecuado, sabiendo manejar las interferencias, evitando o superando las resistencias e imprevistos sin precipitaciones ni atropellos.

El momento también tiene que ver con la disposición de no tratar a todos los pacientes por igual como si sólo fueran un síntoma; y con tener presente que, de un día para otro, todo cambia, incluso en la misma jornada una persona puede tener variaciones o experimentar modificaciones en su estado.

Trance común de cada día

Se precisa una especial y sutil atención a la hora de llevar a cabo las intervenciones técnicas justo en el preciso instante en que sabemos que van a ser de máxima eficacia.

Milton H. Erickson pasaba mucho tiempo con sus pacientes en conversaciones triviales, hasta que en un momento determinado irrumpía con su tratamiento. Existe una especial atención –tanto en Erickson como en Rossi– al lenguaje de comunicación entre mente y cuerpo, que responde a una sabia observación de la naturaleza humana.

En 1976, Erickson y Rossi acuñaron el concepto de «trance común de cada día» para referirse a las señales conductuales similares a las que presentaban los sujetos en trance hipnótico, y que ocurrían de forma espontánea durante la sesión terapéutica. Milton Erickson, en sus últimos años de trabajo terapéutico, esperaba que ocurrieran tales señales para dar sugestiones hipnóticas y, de ese modo ser mucho más rápida, profunda y eficaz la inducción al trance. Rossi descubrió el concepto de los «ritmos ultradianos», ritmos de actividad-descanso que se presentan con una periodicidad mayor (90 a 120 minutos) que los ritmos circadianos. La fase de descanso de los ritmos ultradianos se manifiesta por un período de 10 a 20 minutos de descanso y comodidad, soñar despiertos, un leve descenso de los reflejos, una necesidad de tomar un descanso, etcétera, y que son similares al «trance común de cada día» que había descrito junto a Erickson.

La comunicación

La metáfora de la energía ha ocupado desde los tiempos de Freud un lugar privilegiado en los símiles explicativos de los procesos mentales. Actualmente, los avances de los estudios en bioquímica ponen en evidencia que la metáfora que mejor puede vincular –comprender– la mente con el cuerpo es la «comunicación», base del trabajo con PNL.

Es evidente que las hormonas y las denominadas sustancias transmisoras de información establecen comunicación entre un lugar y otro para facilitar los procesos vitales. Las sustancias informativas regulan la actividad de las redes neuronales que organizan la memoria y el aprendizaje en un doble sentido: las moléculas del cuerpo pueden regular la experiencia mental, así como también las experiencias mentales pueden regular la actividad de las moléculas del cuerpo.

La relación entre estas sustancias informativas y la relación mente-cuerpo sería la siguiente: bajo los estados de estrés, ciertas estrategias de memorización, archivo, aprendizaje y conductas –incluso síntomas– son aprendidas y codificadas por la liberación de hormonas del estrés y sustancias informativas a través de toda la red neural mente-cuerpo. Cuando el estrés se calma, las sustancias informativas desaparecen y el sujeto aparenta haberse liberado de los síntomas. Cuando se reactiva el estado estresante el sistema integrado mente-cuerpo responde liberando las sustancias informativas que renuevan la sintomatología.

Mente y cuerpo

En la terapia que nos ocupa, lo primordial es superar el dualismo cartesiano respecto a la separación entre mente y cuerpo, y aceptar que tanto la primera como el segundo están interrelacionados e interconectados, influyéndose mutuamente y en ambas direcciones.

La base fisiológica que sustenta esta afirmación está ampliamente confirmada a partir de las transducciones mente-cuerpo que se efectúan en el sistema límbico-hipotalámico-hipofísiaco. Una experiencia mental puede ser transducida a través de ese sistema a los diversos sistemas orgánicos (autonómico, hormonal, inmunológico, etcétera) y afectar al resto de la fisiología. Por lo tanto, no tiene sentido que hablemos de mente y cuerpo como entidades separadas, sino como una misma unidad.

Las investigaciones en el campo del «trance de cada día» o «ritmos ultradianos» han descubierto que un gran número de los sistemas mente-cuerpo funcionan en este mismo ritmo –sistemas nervioso autónomo, endocrino-hormonal, moléculas mensajeras y sistema inmunológico–.

«No hay pacientes resistentes, sino terapeutas ineficaces.»

Modelo tridimensional

Volviendo a la estructura básica de análisis anteriormente descrita, hemos de tener presente que lo que siempre se pretende en cualquier proceso terapéutico es ayudar a que el sujeto se traslade –como ya sabemos– del *estado presente* a un *estado deseado* manteniendo las ganancias secundarias que obtiene con el primer estado.

Por lo tanto, las secuencias en el desarrollo completo de una intervención eficiente con PNL serían hasta este momento las siguientes:

1. Identificar el *estado presente* y las ganancias secundarias.
2. Identificar y definir el *estado deseado*.
3. Aplicar el modelo o usar la técnica más adecuada.
4. Reencuadrar la ganancia secundaria en el nuevo estado.
5. Realizar un chequeo ecológico.
6. Comprobar el resultado «como si...», y realizar un «puente al futuro».

Sin embargo, en muchas situaciones la identificación no resulta tan sencilla, debido a la propia complejidad del sistema humano, donde intervienen diferentes factores que están todos ellos implicados –tanto en la generación como en la solución del problema–. Ello nos conduce a reconocer la estructura multidimensional de los conflictos, y que la PNL ha estudiado e identificado. Así, pues, nos encontramos ante lo que llamamos «modelo tridimensional» en el cual se solapan los siguientes factores: el espacio problema, el estado problema y los operadores.

Espacio problema

Se refiere a la dimensiones de la interacción humana, es decir, a la relación entre los diferentes aspectos del «yo», así como a la relación de los diferentes sujetos (yo, otro y objetivo o contexto).

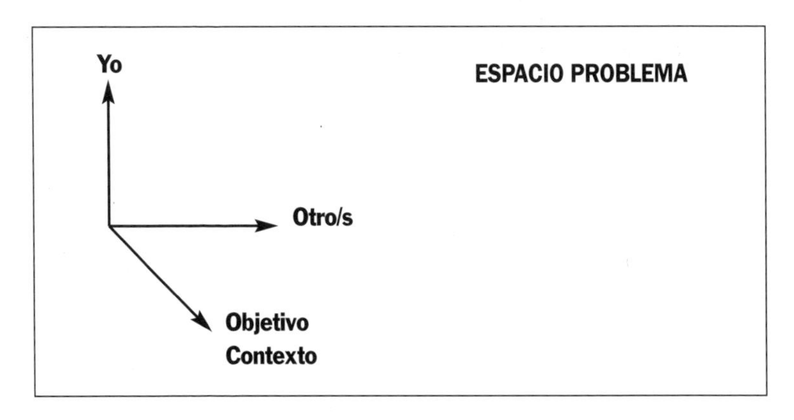

Estado problema

Se organiza en niveles lógicos, posiciones perceptivas y orientación temporal.

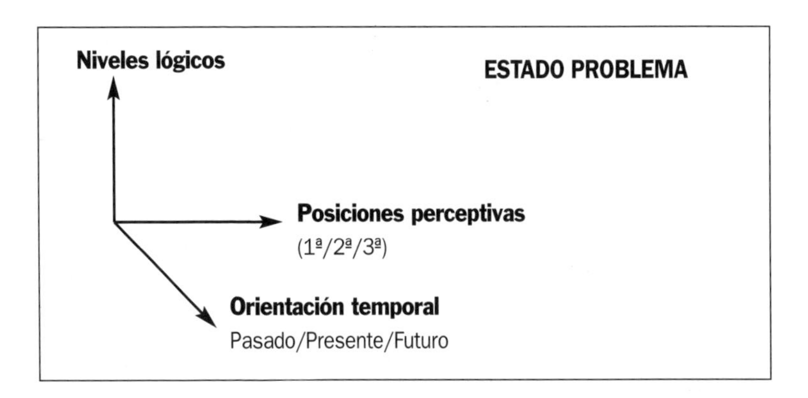

Operadores

Son los elementos técnicos con los que podemos operar en busca de una dirección de cambio:

- Lenguaje (metamodelo).
- Sistema representacional.
- Fisiología.

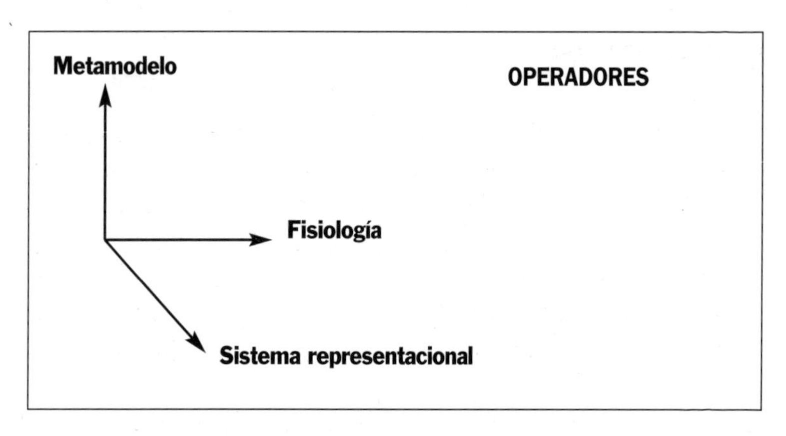

Tal perspectiva nos lleva a establecer un panorama estratificado para ubicar cada conflicto, en el que intervienen los diferentes elementos citados, de modo que la investigación del conflicto nos resulte más sencilla y exacta, y la aplicación de los operadores sea más cómoda y eficaz.

La figura siguiente nos muestra los distintos niveles, posiciones y tiempo, en los que se puede ubicar cualquier problema.

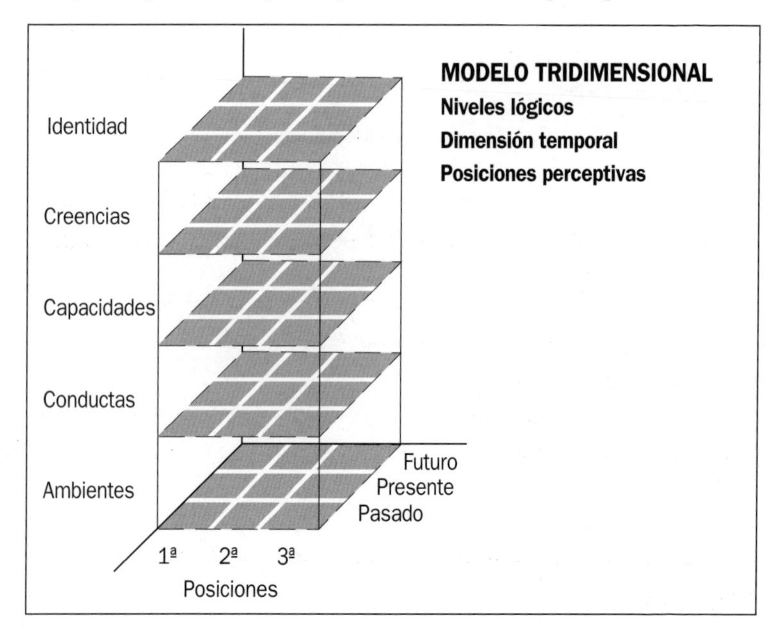

Modelo AMORE

A partir de los últimos modelados que se han realizado a grandes genios, muchas de las técnicas que usamos se han visto enriquecidas; éste es el caso de la terapia que citamos a continuación.

Gracias a la sistematización que con PNL se ha hecho en ciertas áreas del pensamiento de Aristóteles, contamos con un modelo denominado AMORE, que nos sirve para clarificar, ampliar y completar la información con respecto a un hecho determinado y a sus causas.

Aunque no sea partidario de las reglas, y mucho menos de modelos que conllevan cierta parte de contenido, no cabe duda, de que éste puede facilitarnos –por lo menos al principio– llevar a cabo con mayor seguridad y eficacia cualquier cambio que pretendamos conseguir.

El modelo aristotélico no es otro que el análisis de las causas que el filósofo planteó en su *Tratado de metafísica*, y que son:

- Causa formal.
- Causa antecedente.
- Causa constrictiva.
- Causa final.

Nosotros, para efectos operativos, hemos cambiado las denominaciones de las causas por otras nomenclaturas más acordes con nuestro trabajo:

- Causa antecedente: antecedentes.
- Causa formal: manifestación.
- Causa constrictiva: objetivo.
- Causa final: efectos.
- Recursos.

La asignación que damos a cada uno de los estados citados es la siguiente:

A (Antecedentes)

Los antecedentes, o causas antecedentes, son los elementos responsables, que en su día (pasado) provocaron la creación, el arranque o inicio, y el mantenimiento de los síntomas o manifestaciones externas que el paciente demuestra en el *estado presente*. Con bastante frecuencia, los antecedentes resultan menos obvios que los síntomas que producen, sin embargo, son los indicadores más claros de las ganancias secundarias.

No debemos olvidar que la ganancia secundaria que un individuo consigue con el mantenimiento de un síntoma es también la intención positiva de la conducta, el beneficio oculto que obtiene. En muchas ocasiones esta intención oculta es muy distante (o incluso antagónica) de la manifestación en sí, o de las conductas (o interacciones) relacionadas.

Los antecedentes están conectados con acciones, situaciones, decisiones y experiencias del pasado que influyen en el presente de forma lineal. Vendría a ser como un gestalt que, eslabón a eslabón, conecta un hecho inicial de una manera directa (una acción que provoca una reacción) con una serie consecutiva de nuevas situaciones (todas ellas subyacentes y similares), hasta llegar al presente, en el que se manifiesta el síntoma.

Podemos llamar también a esta situación estado problema, ya que la consideramos como la causa original y el auténtico problema que, si no se resuelve, aunque se eliminaran los síntomas, puede reaparecer en cualquier momento.

A la hora de llevar a cabo la investigación de las causas primeras o antecedentes, especialmente en terapia y sanación, conviene identificar los ciclos de las enfermedades, así como los tipos más frecuentes que afectan al sujeto.

También es interesante determinar los ciclos de enfermedades o muertes acaecidas en la familia, para determinar el origen y las características de las conductas y estrategias que han conducido hacia la enfermedad. Las conductas son aprendidas (la enfermedad en PNL es tratada como una conducta), y para ello se necesitan términos de referencia y, como es lógico, éstos los tomamos del ambiente más próximo que, salvo raras excepciones, es el familiar.

M (Manifestaciones)

Las manifestaciones, los síntomas o causa formal, son comúnmente los aspectos más fácilmente apreciables y conscientes de un problema o del *estado presente*. Son únicamente la punta del iceberg en el que, por debajo de la línea de flotación, se almacena de manera oculta toda la masa crítica.

Las manifestaciones implican la existencia de atractores, enganches, creencias y condicionamientos para que un sistema se mantenga como está.

Es lo que constituye en sí el *estado presente*, en el que intervienen presuposiciones de cómo tienen o tendrían que ser las cosas, limitaciones del mapa, operadores modales, etcétera. Estos síntomas pueden ser tanto físicos como psicológicos, tanto internos como externos, cíclicos o permanentes, agudos o graves, generales o locales, etcétera.

Las manifestaciones son en todo su conjunto lo que conocemos como *estado presente*.

O (Órdenes)

Las órdenes, objetivos o causas constrictivas, son cada una de las metas o *estados deseados* que deberían ocupar el lugar de los síntomas, y es a lo que se tiende imperativamente. Podríamos definir este aspecto como aquello que describe el carácter esencial de un hecho, estado o cosa.

Descubrir o identificar este estado, la orden, equivale a descubrir nuestras creencias fundamentales y nuestros diagramas mentales sobre una situación. También lo conocemos como *estado deseado*.

R (Recursos)

Los recursos son los elementos que vamos a tener que incorporar o despertar en el sujeto, y que van a ser responsables de eliminar las causas de los síntomas para que, al manifestarse de nuevo, lo hagan manteniendo respuestas deseadas en la dirección de nuestra orden u objetivo.

Es importante resaltar que una técnica no es en sí misma un recurso; una técnica sólo es efectiva para la extensión a la que puede acceder, por lo que sólo aplica recursos que son apropiados para cada uno de los elementos del sistema definidos en el modelo (antecedentes, manifestaciones, objetivo o efecto). Las técnicas son estructuras secuenciales para identificar, acceder y aplicar o desarrollar recursos y habilidades en ciertos grupos de síntomas, causas y respuestas.

E (Efectos)

Los efectos o causa final son los resultados a largo plazo que permiten el asentamiento y permanencia del estado deseado. Son las razones o fines por los que deseamos que exista un estado nuevo.

Los efectos establecen una relación entre futuro y presente, influyendo desde el mañana en el ahora. Es el porqué de la existencia de la evolución de un sistema, estableciendo una «visión» de lo que alcanzaremos. Recibe también el nombre de estado resultado.

Por lo tanto, una vez explicados cada uno de los elementos, se puede representar gráficamente el modelo AMORE de la siguiente forma:

ANTECEDENTES Causa antecedente ESTADO PROBLEMA	MANIFESTACIONES Causa constrictiva ESTADO PRESENTE	OBJETIVO Causa formal ESTADO DESEADO	EFECTO Causa final ESTADO RESULTADO

RECURSOS

O bien utilizando el modelo sistémico.

Aquí cada uno de los valles actúa como «atractores» de mayor o menor eficacia, dependiendo de la profundidad y anchura de los mismos.

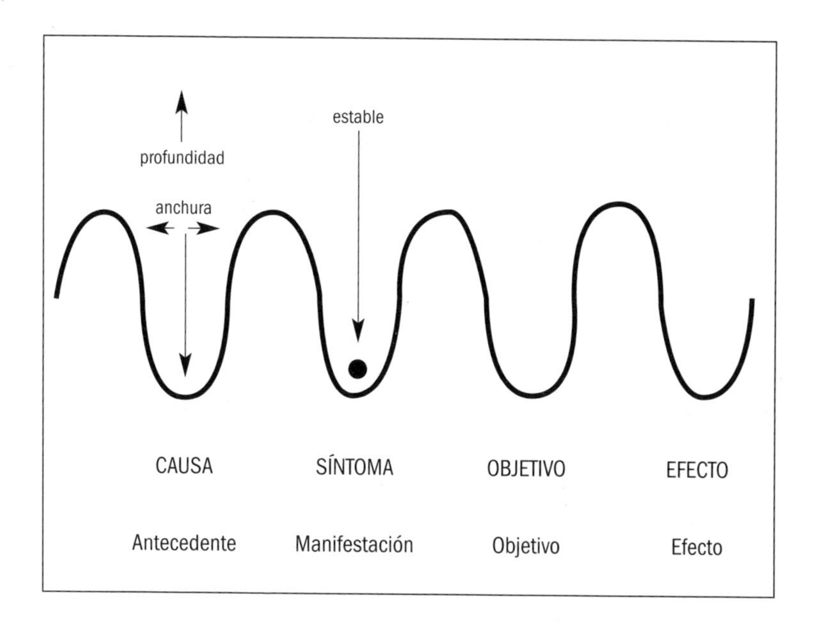

Uso práctico del modelo AMORE

Como aclaración del uso práctico del presente modelo, y considerando su gran importancia, transcribimos a continuación el resumen de una entrevista terapéutica en la que hemos seleccionado la parte en la que se utiliza el modelo AMORE para el análisis.

Podremos comprobar que se trata de una muestra muy simple, en la que sólo pretendemos destacar la manera cómo realizamos la operativa.

Se trata de una mujer de 42 años de edad, casada, con tres hijos de 8, 6 y 5 años de edad. (Prescindimos en esta presentación de los preliminares).

Terapeuta: ¿Podría describir cómo es, en este momento, su estado?

Paciente: Tengo alergia primaveral, me han realizado los análisis y me ha dado positivo a varios polenes que hay en esta ciudad. Todas las primaveras me ocurre lo mismo en cuanto entra el buen tiempo me pongo igual.

[Se puede observar en la paciente una importante congestión del sistema respiratorio, así como algunas áreas epidérmicas irritadas. Su voz es entrecortada y muestra una gran tensión en la mayor parte de los músculos faciales.]

Terapeuta: ¿Cuáles son los síntomas? ¿Podría describirme lo más específicamente posible cómo se manifiesta esa alergia?

Paciente: No paro de estornudar, tengo una congestión completa que me impide respirar bien, pesadez en toda la cabeza, agobio, yo qué sé, un montón de cosas más, usted ya sabe cómo son estas alergias, ¿no?

Terapeuta: Sí, pero, ¿cuáles son las manifestaciones físicas que usted tiene? Cada persona es un mundo.

Paciente: Estornudos casi constantes, no doy a basto con los pañuelos, dolor de cabeza, dificultad respiratoria, no sé si será asma, picores en diferentes partes del cuerpo. Esto hace que muchos días no pueda ni levantarme de la cama, que es el único sitio en donde me encuentro a gusto. Con todo el trastorno que eso conlleva para mi marido que tiene que ocuparse de los niños.

Son muchos los días que me cuesta un trabajo tremendo poner el pie en el suelo para levantarme, ya que cuando lo pongo o me da un poco el aire o simplemente con el cambio de temperatura de la cama a la sala, ya empiezo y no paro en todo el día. ¡Esto es un suplicio!

Terapeuta: Bien, ¿y desde cuándo viene notando estos síntomas?

Paciente: No lo sé, pero creo que desde que vinimos a vivir a esta ciudad.

Terapeuta: ¿Cuánto tiempo hace de eso?

Paciente: Hace tres años.

Terapeuta: ¿Dónde vivían antes?

Paciente: En Sevilla.

Terapeuta: ¿Allí nunca había padecido de estos síntomas?

Paciente: Que yo recuerde, no.

Terapeuta: ¿Hay alguien en su familia que padezca o haya padecido de lo mismo o de algo similar?

Paciente: Sí, tengo una tía, hermana de mi madre, que también lo padece desde hace muchísimos años, y no han podido curarla. Desde que se fue a vivir a Madrid y de eso hace ya más de treinta años.

Terapeuta: ¿Qué contacto ha tenido usted con su tía?

Paciente: Muchísimo, ella fue quien me crió, y después cuando se marchó a vivir a Madrid estuve viviendo con ella casi seis años, lo que duró la carrera.

Terapeuta: ¿Entonces en su familia más directa, no ha habido nadie más que manifestara esos mismos síntomas?

Paciente: No, mis padres –que yo recuerde– nunca han estado enfermos, y yo les he salido a ellos en todo menos en esto. Jamás he tenido ninguna otra enfermedad, bueno siendo adulta, claro.

Terapeuta: ¿Y cómo es la relación con su marido?

Paciente: Muy buena, aunque él está tan ocupado siempre que casi no nos vemos, pero es una bellísima persona. Cuando yo me pongo como me pongo, se desvive en atenciones y se ocupa de todo, de los niños, de la casa, de todo.

Terapeuta: ¿Y cuál es la relación con los niños?

Paciente: ¿De mi marido?

Terapeuta: ¡No, suya!

Paciente: Me siento agobiada. Son tan pequeños y los tuve tan seguidos que no te dejan tiempo para descansar tan siquiera, cuando no es una cosa es otra. Usted ya sabe. Antes al menos tenía a mi madre y a mi hermana que me echaban una mano, incluso salíamos a pasear o de fiesta, pero ahora es que ni eso. Mi marido tiene largas jornadas de trabajo, que cuando llega a casa está agotado y yo lo comprendo, él tiene muchas responsabilidades pues muchas personas dependen de él.

[Cuando la paciente ha comenzado a hablar de su vida en Sevilla con su familia, ha disminuido sensiblemente la congestión y la coloración roja de ciertas áreas de la piel. Se ha distendido facialmente, ha bajado el ritmo respiratorio y ha vivificado el tono de su voz.]

Terapeuta: ¿Y cuál sería su estado deseado?

Paciente: ¡Ah!..., mi estado deseado sería que a mi marido lo trasladaran de nuevo a Sevilla, allí seguro que se me quitaba por completo la alergia. El clima allí es diferente, mucho más sano para mí, pero eso es imposible. Lo único que quiero es encontrarme bien.

Terapeuta: Descríbame cómo sería para usted encontrarse bien.

Paciente: Pues... que me desaparezca la congestión, que...

Terapeuta: Describa, por favor, lo que considere pero utilizando términos positivos, no use negaciones. Por ejemplo, ¿cómo diría que desaparezca la congestión utilizando términos positivos?

Paciente: No sé... ¿respirar bien?

Terapeuta: Sí, correcto.

Paciente: Pues... respirar bien... tener ánimo por las mañanas... la cabeza despejada...

Terapeuta: ¿Y cómo sabrá que respira bien, que tiene ánimo por las mañanas y la cabeza despejada?

Paciente: Creo que sólo en cuanto deje de obsesionarme con la alergia, y no le dé tantas vueltas a la cabeza sobre este tema y sobre otros muchos que no dejan de preocuparme.

Terapeuta: ¿Y que efecto tendría eso en su vida, en su relación de pareja y en su familia?

Paciente: ¡Sería una maravilla! Creo que me sentiría mucho mejor en todos los aspectos, con mi marido podría aprovechar el tiempo que estamos juntos de forma más positiva, ahora sólo centramos las conversaciones en mi salud y en lo incómoda que me siento. Nuestra relación mejoraría considerablemente, no me cabe la menor duda. Y con mis hijos sucedería lo mismo, sería mucho mejor.

Terapeuta: ¿Es posible que le den un traslado a su marido de nuevo a Sevilla?

Paciente: No, creo que eso no será posible.

Terapeuta: ¿Qué es lo que tiene en Sevilla que no tenga usted aquí?

Paciente: Todo.

Paciente: Bueno... a mi madre, a mis hermanos, pero en especial a mi madre, a quien añoro mucho. Ahora nos llamamos por teléfono todos los días, está tan preocupada por mi salud... Creo que sin ella es como si me faltara algo. Eso es lo peor.

Terapeuta: ¿Cómo cree que se sentiría si no echara tanto de menos a su madre?

Paciente: Creo que eso no sería posible, pero tal vez mejor. Todos los días me acuerdo insistentemente de ella, me ayudaba tanto.

Terapeuta: ¿No hay nada que tenga aquí que no tenga en Sevilla?

Paciente: Por supuesto: mi marido, mis hijos, y muchas otras cosas... por eso nos vinimos.

[La entrevista continúa con sucesivas preguntas para concretar aún más cada uno de los puntos a investigar, y así poder construir un cuadro similar al que tenemos más adelante, y que es una especie de resumen de lo hablado.]

Esquema de trabajo

Los ejemplos de recursos propuestos en el cuadro no son los únicos utilizables: cada profesional ha de saber, en función de su propia experiencia, lo más conveniente para el sujeto en cada momento.

Aquí no existen recetas estándar, recordemos que un profesional (terapeuta PNL) no aplica recetas en forma mecánica, es el creador de sus propios modelos.

A continuación ofrecemos un esquema que permite al terapeuta avanzar paulatinamente en la exploración de la situación conflictiva y confrontar con el paciente las claves para su resolución.

PATRÓN DEL MODELO	PREGUNTA/DESAFÍO	DIRECCIÓN
FALTA DE ÍNDICE REFERENCIAL Sujeto u objeto no especificado. Ejemplo: «Las personas, sencillamente, no entienden» (los, ellos/ellas, los hombres, las cosas).	¿Qué personas específicamente?	Especificar a quién se refiere la afirmación que hace el sujeto
OMISIÓN SIMPLE El elemento clave de la frase queda en la estructura de superficie. Ejemplo: «Estoy dudoso»	¿De qué dudas específicamente	Recuperar el elemento que ha sido omitido en el estado problema que se expresa.
OMISIÓN COMPARATIVA Falta la referencia con la que se compara en la estructura de la superficie. Ejemplo: «Es mejor no hablar», (mejor/peor, bueno/malo, fácil/dificil).	¿Específicamente, mejor que qué?	Identificar y especificar el elemento ausente en la comparación.
VERBO INESPECÍFICO Verbos que no definen la acción o la relación del sujeto. Ejemplo: «Él me irrita».	¿Cómo te irrita específicamente?	Definir más concretamentela la lacción o el proceso en el estado problema del sujeto.
NOMINALIZACIÓN Se hace referencia a una acción como si fuese un hecho o cosa. Ejemplo: «La situación con Pedro me ha causado una depresión».	¿Qué es lo que te deprime concretamente de tu situación con Pedro?	Llevamos de nuevo la acción distorsionada y transformada en hecho consumado, a un proceso que aún está en curso.
CUANTIFICADOR UNIVERSAL Exageramos la generalización y lo extendemos a todos los aspectos de lo que queremos expresar. Ejemplo: «Ella siempre se enfada» (todos, nadie, ninguno, siempre, todo).	¿Siempre? ¿No ha ocurrido alguna vez que ella no se enfadara?	Encontrar contraejemplos que rompan la generalización del estado limitante.
OPERADORES MODALES Afirmaciones que identifican nuestras propias reglas o límites de comportamiento. Pueden ser de: • NECESIDADES: (Debo, no debo, necesito, he de, tengo que, es preciso, etcétera) Ejemplo: «Los hombres no deben llorar». • POSIBILIDAD: (No puedo, no consigo, es imposible, etc.) Ejemplo: «No podría aprender a volar jamás».	¿Qué pasaría si lloraran? ¿Qué te lo impide?	Procuramos identificar las consecuencias que para el sujeto tiene la regla o la limitación autoimpuesta. Identificar las causas de los síntomas que se manifiestan en el estado problema.

PATRÓN DEL MODELO	PREGUNTA/DESAFÍO	DIRECCIÓN
PÉRDIDA DE CONCRECIÓN Afirmaciones que contienen un juicio de valor pero que no menciona a quien lo emitió ni como se llegó a él. Ejemplo: «No está bién herir los sentimientos de los demás».	No está, ¿para quién? ¿En base a qué no está bien? ¿Según quién?	Buscamos indentificar el criterio para emitir ese juicio, o quién es el autor que ha hecho la afirmación.
LECTURA MENTAL Afirmamos sobre la experiencia interna de otra persona, sin tener ninguna evidencia de ella. Ejemplo: «Ya sé lo que estás pensando».	¿Cómo sabes tú, qué es lo lo que yo pienso?	Identificar de dónde le viene esa información, o cómo ha llegado a esa valoración.
MODELO CAUSAL Afirmaciones que relacionan una causa-efecto entre determinado estímulo y una respuesta que no tiene nada que ver. Ejemplo: «El tono de su voz me irrita».	¿Cómo hace su voz para que te irrites? ¿Cómo específicamente el tono de su voz te irrita?	Encontrar cómo se establece la relación causa-efecto y qué tiene que ver el estímulo con la respuesta.
EQUIVALENCIA COMPLEJA Relacionamos dos experiencias diferentes como si tuvieran el mismo significado. Ejemplo: «Él va los domingos al fútbol, es que no me quiere».	¿Cómo específicamente el que vaya al fútbol es señal de que no te quiere?	Identificar la validez de la relación establecida.

Éste sería el esquema de trabajo con el cual vamos a desarrollar los sucesivos pasos en la intervención, es decir, los recursos para incorporar en el sujeto y las técnicas por aplicar. La investigación ha de llevarse a cabo con toda la precisión posible, siguiendo un resumen similar al que observamos en el cuadro de la página siguiente.

Si queremos ser todavía más precisos, y eso es lo que se pretende alcanzar con la maestría, necesitamos recabar toda la información posible o necesaria sobre las condiciones del estado presente y también sobre el estado que desea alcanzar. Las hojas de trabajo que proporcionamos a continuación nos pueden servir de pauta.

Como es obvio, para detectar la fisiología asociada a cada estado, es imprescindible una óptima calibración, ya que sin una detección sutil de los cambios, síntomas o manifestaciones asociados, de muy poco servirá todo lo demás.

ANTECEDENTES	MANIFESTACIONES	OBJETIVOS	EFECTOS
• Vivía en Sevilla		• Estar relajada	• Salud
• Rodeada de familia		• Mejor estado	• Relación de pareja sana
• Muy apegada a su madre	• Alergia (?) de ánimo		
• Siempre tiene alguien que le ayuda con los niños		• Parar el D.I.	• Atención adecuada a los hijos
• Traslado a otra ciudad. Su marido muy ocupado	• Ganancia secundaria	• Mejorar la comunicación con su marido	• Crecimiento personal
• Tiene que atender sola a sus hijos y la casa		• Aceptar el cambio como algo positivo para todos	
• No tiene diversión			• Mayor atención de su marido
• No le gusta el cambio			

Recursos (a modo de ilustración)

- Corte de codependencia.
- Cura rápida de fobias (alergia) o patrón de primer y segundo plano.
- Cambio de creencias.
- Chasquido. O cualquier otra técnica que se estime necesaria.

En cada uno de los cuadros, al referirnos a los signos vitales, atenderemos a aquellas características específicas o expresiones asociadas a cada uno de los elementos constituyentes del estado referido dentro del modelo AMORE. También es conveniente atender a las demostraciones comportamentales que los acompañan, así como detectar y anotar los ejemplos específicos y observables de dichas señas vitales en su conjunto y para cada uno de los estados.

Estado presente	
Descripción general • Manifestaciones • Respuestas conductuales • Síntomas fisiológicos	**Signos vitales del estado** • Gestos y postura corporal • Pistas de acceso y submodalidades • Sinestesias • Predicados verbales y patrones del metamodelo • Metaprogramas • Creencias limitantes, valores, criterios.

En cada uno de los estados correspondientes, realizaremos la misma investigación, cambiando el contenido de las correspondientes descripciones generales, y manteniendo igual los elementos significativos para los «signos vitales del estado».

En primer término, veámos el *estado deseado.*

Estado deseado	
Descripción general • Objetivos • Metas	**Signos vitales**

Ahora analizaremos el *estado problema*, que puede esquematizarse así:

Estado problema	
Descripción general • Antecedentes • Causas. Origen • Experiencia impronta	**Signos vitales**

Finalmente, observemos los aspectos más relevantes del *estado resultado:*

Estado resultado. Efecto	
Descripción general • Manifestaciones • Respuestas conductuales • Síntomas fisiológicos	**Signos vitales**

Capítulo 3

Análisis de causas y efectos

Pero, ¿cómo sabremos cuál es el modelo idóneo para llevar a cabo una investigación de la forma más eficaz?

El modelo conocido como «Cuadro de los siete conflictos» es una adecuada guía para desentrañar el complejo entramado de los fundamentos del problema y para saber qué técnica aplicar. Los hemos clasificado por bloques a fin de facilitar la labor de identificación.

Laberinto

Este tipo de conflicto se basa en la confusión y surge cuando el individuo no tiene claridad en sus ideas, las tiene entremezcladas o existe desorden en el escalonamiento respecto a las etapas del objetivo. Incluso puede haber un desajuste o desorden en sus niveles lógicos, que desencadena conflicto en la estructuración mental.

Las consecuencias suelen manifestarse en forma de un estado permanente de confusión o de imposibilidad para seguir una línea coherente de pensamiento. Este tipo de sujetos puede expresarse de forma fluida, pero entremezclando conceptos o apartándose del tema, e incluso usando sofismas como argumentos para avalar sus planteamientos. En otros casos el desorden mental es tan obvio que llega a bloquear al sujeto, imposibilitándole que se exprese oralmente.

Recursos aplicables

El metamodelo de lenguaje, ayuda a descubrir la estructura profunda, y la raíz de sus desórdenes o confusiones. Es una técnica de cambio de submodalidades que permitirá llevar al sujeto de la confusión a la comprensión.

Establecer un orden de las secuencias del POPS, si es que las etapas del objetivo se encuentran mal estructuradas o resultan ineficaces. Alineación de niveles, siempre que éste se haga con sumo cuidado, evitando que el terapeuta introduzca contenidos propios.

Papelera

En este caso, la información que posee el sujeto es inadecuada, errónea o la maneja incorrectamente. En muchos casos se trata de «basura» (es decir, información inútil, viciada o dañina) que se maneja (consciente o inconscientemente) en los procesos de entrada, análisis, procesamiento y salida.

Este tipo de conflicto es fácilmente observable por el terapeuta, puesto que los resultados que presenta el sujeto son ineficaces o inútiles en todos los órdenes. Los contenidos y argumentos manejados por el paciente suelen estar basados en un sistema de creencias deficiente, rígido o fuera de tiempo, de lugar e, incluso, xenófobo y radical.

Recursos aplicables

Revisión de las condiciones de buena formulación para la consecución de objetivos. El facilitador puede sugerir una revisión a fondo de las «agendas ocultas» y de las ganancias secundarias. Otro trabajo que ayudará en este tipo de conflictos es fomentar o desarrollar la calibración, precisión y agudeza sensorial, de modo que pueda ser consciente del efecto de sus actos. Es positivo que el individuo aprenda a reestructurar sus prioridades, distinguiendo entre lo urgente y lo importante, así como llevar a efecto análisis de la eficiencia del POPS utilizado.

Conmoción

Se trata de los problemas o conflictos surgidos a partir de la existencia de traumas o impresiones negativas provenientes de experiencias del pasado más o menos lejano.

La identificación sintomática de este tipo de alteraciones es muy variada y, en ocasiones, compleja: desde bloqueos conductuales a somatizaciones de toda índole, pasando por alteraciones emocionales o pequeños movimientos inconscientes (tics), etcétera.

Muchas impresiones –algunas de ellas sutiles– permanecen inconscientes a lo largo de toda la vida, pero no por ello dejan de condicionar las capacidades y la conducta del sujeto e incluso sus creencias y valores. Uno de los efectos más comunes y obvios es la existencia de fuertes creencias limitantes, que impiden al paciente realizar una vida normal o saludable.

Recursos aplicables

Básicamente, podemos utilizar el cambio de historia personal, la cura rápida de fobias y traumas, la reimpresión, anclajes y disociaciones, resoluciones de duelo y pérdida, etcétera.

Equiparación

El individuo usa valoraciones y criterios que no son propios, comparaciones con otras personas por lo que hacen, son o poseen. Tiene expectativas que no le corresponden y se siente bloqueado por no alcanzar algo imaginado que dista mucho de sus propias condiciones. Estos sujetos suelen ser personas con baja autoestima y que necesitan la aprobación de las personas cercanas para emprender acciones o cambios.

Recursos aplicables

Modelaje para facilitar nuevas habilidades, cambio de estrategias e incorporación de otras nuevas, así como técnicas generadoras de nuevos comportamientos, reencuadre, cambio de creencias, reestructuración de valores y establecimiento de jerarquía de criterios propios.

Conflictos

Surge cuando en el sujeto se generan polaridades o existen ganancias secundarias que se contraponen al desarrollo de los hechos. Se manifiestan como incongruencias físico-psíquicas fácilmente detectables mediante la calibración y el metamodelo. Las agendas ocultas o intenciones ocultas son las desencadenantes principales de estos estados anómalos.

Recursos aplicables

Dependiendo de la naturaleza de los conflictos, podemos utilizar la fusión de polaridades o la negociación entre partes (modelo del reencuadre) para encontrar un denominador común en los intereses enfrentados, todo ello aplicando un *rapport* preciso y una permanente reestructuración de las partes enfrentadas.

Ambiental

Cuando existen dificultades de adaptación al medio, obstáculos externos que impiden al paciente alcanzar su objetivo. En estos casos los sujetos carecen de las habilidades necesarias para transformar las *variables del entorno* en *variables de decisión*, o lo que es lo mismo, carecen de alternativas a la hora de enfrentarse a nuevas situaciones.

Aquí el sujeto necesita experimentar por sí mismo para darse cuenta de que puede actuar de forma adecuada ante circunstancias nuevas.

Vale aquí traer una anécdota referida por mi maestro y amigo, el doctor John Grinder:

> Un día se presentó en su consulta un joven vendedor que en ese momento estaba desempleado, quien decía sentirse incapacitado para relacionarse con las mujeres. Aseguraba que cuando se encontraba a solas ante ellas quedaba completamente bloqueado y sin saber qué decir. Esa situación lo había convertido en un ser solitario. Le advirtió que no tenía dinero para seguir un tratamiento largo, así que si no se lo podía resolver de inmediato no volvería. Grinder le explicó que el tratamiento podría durar un tiempo, pero que había otras fórmulas para resolver la cuestión económica, recomendándole que volviese en unos días para comentar el tema. Cuando el joven regresó, John había hablado con un amigo suyo distribuidor de lencería femenina, y le ofreció trabajo como representante, indicándole que fuese al despacho de su amigo a firmar el contrato y recibir los catálogos de ropa interior. A continuación le dijo que volviese por la consulta un mes después de iniciar su nuevo empleo, ya que así podría pagarle. Cuando regresó el joven vendedor, ya se había curado, y lo que necesitaba ahora era aprender a organizar su agenda de citas.

Recursos aplicables

Para los sujetos comprendidos en este bloque de conflictos es necesario desarrollar la flexibilidad conductual y el pensamiento lateral para que aprendan a transformar las *variables del entorno* en *variables de decisión*. Se puede aplicar la técnica de *psicogeografía* (posiciones perceptivas) para que aprendan a observar con mayor objetividad las situaciones, así como modelos de capacidades creativas como el de Disney u otros similares e, incluso, alternativas terapéuticas ingeniosas como la citada anteriormente o las muchas relatadas por Milton Erickson.

Bloqueos

Cuando se presentan inseguridades y dudas con respecto a la posibilidad de realizar algo o de conseguir cualquier objetivo. Presencia de creencias limitantes que impiden nuevas conductas, infravaloración de sí mismo, baja autoestima.

Recursos aplicables

Inoculación y cambio de creencias, patrón de *switch* visual o pragmagráfico, cambio de historia personal, puente al futuro.

Visión de conjunto

Indudablemente, la terapia sería muy sencilla si en todos los casos que se nos presentan, aparecieran los conflictos con tanta nitidez como los he expuesto, pero lamentablemente eso ocurre muy pocas veces.

La persona procura encubrir sus conflictos de la forma más sutil y astuta que podamos imaginar, casi siempre intenta ocultar la experiencia original, *el estado problema*, de múltiples y variadas formas. Será la habilidad y el *sentido común* del terapeuta neurolingüísta, el medio de desentrañar los auténticos contenidos, separando la paja del grano.

Para ello hemos de desarrollar –como ya apuntábamos en páginas anteriores– las facultades de análisis y conceptualización, entre otras muchas, para ser capaces de ir dividiendo el problema en porciones menores de fácil manejo.

Volviendo a la parte del análisis, en el modelo AMORE, lo primero que hemos de alcanzar es una visión global del *estado presente*: investigar las partes que lo conforman, dividirlo en segmentos manejables y, seguidamente, buscar los antecedentes, sin perder de vista el *estado deseado* y los *efectos* resultantes previstos. De esta manera, con la visión de conjunto podremos plantear los modelos terapéuticos que le faciliten los recursos necesarios a nuestro paciente.

La visión holística

La visión holística es una cualidad necesaria que debe desarrollar un facilitador de PNL, la capacidad de observación desde una panorámica superior y objetiva que le permita observar no sólo el problema y sus antecedentes, sino el *estado deseado*, los efectos y los resultados en todos los niveles al aplicar las técnicas previstas.

Se trata pues de una mente en la que ambos hemisferios están fusionados, analógica-digital simultánea, sin la cual, la calidad profesional que pretendemos alcanzar quedaría mediatizada, dejándonos como meros recetadores y no como creadores con capacidad resolutiva.

A la hora de iniciar cualquier tratamiento –en especial de terapia individual– es conveniente seguir una especie de guía o basarse en otras muchas experiencias, que nos facilitarán el trabajo. Se trata de una orientación hacia dónde dirigir nuestra atención en el momento de la investigación profunda de los conflictos.

De ahí que ante la presencia de un síntoma, descartamos las aparentes relaciones causales en el plano funcional –hay un problema gástrico, ha comido algo que le ha sentado mal–: éstas siempre están ahí y su existencia no la cuestionamos. En nuestro trabajo de PNL, el síntoma sólo nos interesa en lo que respecta a su manifestación cualitativa y subjetiva. Buscamos su presencia y cómo se manifiesta, no sus componentes orgánicos.

Si nos ocupamos exclusivamente de la eliminación de los síntomas –cosa que podemos hacer con las diferentes técnicas diseñadas al efecto– en poco nos diferenciaríamos de las terapias alopáticas, y a lo más que aspiraríamos sería a producir pequeñas mejoras temporales. Esto no significa que un paciente con síntomas físicos no deba ir al médico, sino todo lo contrario: recomendamos tratamientos holísticos e integradores. Cualquier enfermedad debe ser tratada por el médico especialista correspondiente. Sería absurdo querer tratar una fractura con técnicas de PNL, ya que dicha lesión requiere un buen traumatólogo, aunque nosotros le enseñemos a manejar mejor el dolor, si es que lo padece.

Aquí nos ocupamos de los motivos, de las causas primeras, no del tratamiento de síntomas –aunque también lo podamos hacer–. Por este motivo recomendamos prescindir del tratamiento sintomático: lo dejaremos en manos de otros especialistas naturópatas o alopáticos. Pues de trata de ser holísticos y establecer nexos de trabajo con otros profesionales. Por nuestra parte, procuraremos trasladar el síntoma al plano psíquico (no nos cansaremos de decir que no debemos prestarle atención al tratamiento del síntoma). Nuestro enfoque debe centrarse muy especialmente en las expresiones lingüísticas, predicados verbales, violaciones del metamodelo, estos factores son la clave. Recordemos que nuestra comunicación verbal es psicosomática, decimos lo que hacemos, y ya sabemos que para la PNL, la enfermedad es una conducta y, como tal, tiene una estrategia operativa.

La causa de la enfermedad

Para identificar los antecedentes, las causas primeras, debemos analizar el momento de aparición del síntoma. Profundizar en la situación personal, en los estados del momento (representaciones internas) en el que se presentó por primera vez y en los procesos internos, la búsqueda en sus fantasías y sueños. Se trata de indagar en los acontecimientos y hechos que sitúan el síntoma en un momento del tiempo, en un lugar y hacia determinadas personas. Ésta es la forma de encuadrar el *estado problema* y sin el cual podemos perdernos.

Una herramienta de investigación muy valiosa es el conjunto de preguntas desafío de los operadores modales:

- ¿Qué es lo que te impide este síntoma?
- ¿A qué te obliga este síntoma?
- ¿Qué te impone o exige tener ese síntoma?

Las respuestas suelen dar la clave muy rápidamente del tema o conflicto central de la enfermedad o crisis, así como de la ganancia secundaria.

Durante toda la intervención debemos recordar y tener muy presente que cuando se llega a un punto clave en la causa de la enfermedad se produce una respuesta no verbal en la fisiología de la persona. Por eso, la calibración precisa y permanente es fundamental en la entrevista terapéutica. Deben hacerse todas las preguntas mirando al sujeto, sabiendo que en el mismo instante en que iniciamos la verbalización de la cuestión, comienza la búsqueda transderivacional en el oyente. Una observación duele cuando es acertada, y el dolor se manifiesta en nuestra fisiología.

Eliminación del síntoma

El excelente manejo del metamodelo de lenguaje es fundamental para alcanzar la estructura profunda de la experiencia del paciente, y es allí donde reside la verdadera causa del síntoma. No obstante, debe ser el propio sujeto quien la verbalice, aunque nosotros la tengamos muy clara desde algún momento anterior o incluso desde el principio.

«No debemos meter nuestros peces en la pecera del vecino.»

Si eliminamos un síntoma sin haber acabado (comprendido, recodificado, reencuadrado, aceptado, etcétera) la causa antecedente o real, el mismo síntoma u otro parecido aparecerán de nuevo.

Los síntomas son manifestaciones físicas –externas o internas– de trastornos psicológicos o, más concretamente, de experiencias subjetivas que generan un conflicto. El síntoma es un elemento compensador en la completa dinámica del sistema: a través de él es posible y frecuente la descarga de ciertas energías (las de la causa) que de otro modo no podrían ser liberadas. El organismo lo necesita.

Para comprender, para adquirir una visión analógico-digital simultánea y holística de una enfermedad o de un conflicto, de sus causas, soluciones, efectos, podemos buscar una metáfora (analogía) de un proceso de la Naturaleza. Podemos analizar cómo ésta lo maneja, lo opera y lo resuelve.

Una vez hecho esto, podemos transferirlo a la enfermedad y posiblemente obtendremos la solución. Este método facilita encontrar claves que hasta entonces pueden haber pasado desapercibidas. No es que la enfermedad y su proceso sean exactamente iguales que los de la Naturaleza, pero su similitud permite ampliar nuestra visión de las cosas.

«Cómo es arriba es abajo:
el macrocosmos y el microcosmos son similares.»

Papel del terapeuta

Ante todo, se debe destacar la importancia de la formación del profesional terapeuta, uno de los puntos clave es que no debemos convertirnos en una esponja que absorbe agua sucia. La PNL trabaja sin contenidos –eso lo sabemos la mayoría y no hemos de olvidarlo nunca–. No resulta útil para ninguna de las partes involucrarse en exceso en el proceso de cambio, no nos transformemos en «paños de lágrimas».

Esto no significa que el terapeuta deba ser como un témpano de hielo, y que ni tan siquiera permita desahogarse al paciente; pero una cosa es escuchar un desahogo y otra muy distinta es dejarse apabullar por toda la miseria o negatividad del paciente.

Lo importante es escuchar, comprender y acompañar para, a continuación, dirigir al sujeto hacia el proceso terapéutico y manejar totalmente la sesión. No debemos olvidar que hay muchos «pacientes profesionales», que acuden a un especialista simplemente para evaluar sus conocimientos comparándolos con los propios. No debemos caer en la trampa de entrar en ese juego.

Capítulo 4

La posición perceptiva del terapeuta

Para evitar la pérdida de objetividad, las cargas o transferencias emocionales, la sobrevinculación e incluso, la dependencia, es necesario aprender a utilizar las diferentes posiciones perceptivas, como las consideramos en PNL.

El modelo relativo a las posiciones perceptivas tiene su origen fundamental en los primeros estudios y análisis que –en su día– se realizaron de la técnica usada en la terapia familiar por Virginia Satir. Una vez extraído el modelo base, lo hemos perfeccionado añadiendo nuevos elementos que simplifica los modos y aceleran los resultados.

La psicogeografía

Para aglutinar el conjunto de técnicas y «rituales» que facilitan el uso y la asimilación de las posiciones perceptivas, utilizamos el término de «psicogeografía». Este nuevo concepto hace referencia al espacio *–geografía–* y a la experiencia subjetiva *–psico–* que todo trabajo con PNL lleva emparejado.

El espacio que ocupamos físicamente tiene su equivalente mental, y de él depende la forma en que percibimos las experiencias (o la manera en las valoramos). Cuando un sujeto recuerda una experiencia y la sitúa en un espacio físico determinado, imaginando o visualizando tanto el contexto como los otros elementos involucrados (personas) del sistema, puede volver a revivir la secuencia con un alto grado de aproximación a lo experimentado por él, en el transcurso de aquella situación. Es decir, la asociación del sujeto con la experiencia impronta de la estructura profunda es más completa. De ese modo, el terapeuta puede identificar con mayor precisión todos los aspectos que afectaron y traumatizaron al sujeto, y así proveerle de los recursos necesarios que le permitan salir del engrama (base fisiológica de la memoria).

Posiciones perceptivas

La dinámica de utilización de las posiciones perceptivas, es muy similar a una escenificación (dramatización), tanto si se hace físicamente –moviéndonos en el espacio– como si se realiza mentalmente.

Dentro de un sistema, como lo son indiscutiblemente las relaciones terapéuticas, una de las formas de mayor utilidad y resultado para poder analizar el *feedback*, las codificaciones, redundancias y, en definitiva, cualquier tipo de anomalía que nos presente el paciente, es el análisis a partir de las diferentes posiciones perceptivas.

Las posiciones perceptivas –o perspectivas mentales– son las diferentes formas de analizar, experimentar o vivir cualquier experiencia presente, recuerdo del pasado o proyecto futuro. Es la opción que posee cada uno de los seres humanos para situarse en los espacios mentales idóneos en cada momento.

Esto es algo que comúnmente realizan muchos de los adultos, pero a pesar de ello, también son muchos los sujetos que se quedan bloqueados en una u otra de las percepciones posicionales impidiendo nuevas alternativas. Como consecuencia de quedar anclados en una u otra posición mental se generan bloqueos en la observación de cualquier hecho, dando como resultado una situación de tensión, agresión, rigidez o estancamiento.

En realidad vivir y experimentar la vida es elegir la mejor opción. Recordemos una de las presuposiciones de PNL, que dice que el individuo dentro de un sistema con mayor número de alternativas es el que controla el sistema (ley del requisito de variabilidad, en cibernética).

Perspectivas para una correcta valoración

Una de las primeras habilidades que un profesional facilitador de PNL tiene que desarrollar es la capacidad para situarse mentalmente en las diferentes posiciones perceptivas, de forma que pueda evaluar las situaciones y los conflictos ajenos, de modo objetivo y comprensivo.

Los tres puntos de vista básicos, o más concretamente, las cuatro perspectivas para una correcta valoración de cualquier experiencia son:

Primera posición

Yo mismo. Desde mi propio punto de vista. Asociado completamente a mi propia experiencia subjetiva. Atendiendo a todos los canales de percepción y siendo consciente de mis propias respuestas internas, sensaciones y emociones. En esta posición perceptiva, el terapeuta extrae sus conocimientos y experiencias acumuladas para –como profesional– acceder a sus archivos internos. Sin embargo, es necesario recordar constantemente que esta ubicación mental es completamente subjetiva, y que sin el cuestionamiento y la perspectiva de las demás posiciones es posible –además de probable– hacer estimaciones sesgadas y que resulten partidistas.

En la primera posición, adoptamos el papel de actor protagonista; vemos, oímos, sentimos con toda nuestra sensibilidad, pero siempre de forma subjetiva y personal: nuestro mapa de la realidad es el filtro que actúa para condicionar la comprensión.

Segunda posición

El otro. Adoptamos el punto de vista de la otra persona. Para acceder a esta percepción, hemos de disociarnos de nosotros mismos y asociarnos a la experiencia del otro. Es decir, nos metemos en «su pellejo».

El aporte de esta posición perceptiva está en llegar a ser capaz de experimentarnos siendo el otro, pensando como él, sintiendo como él; y llegar a valorar incluso a la primera posición –«yo mismo»– como la valoraría el «otro», que es la posición que ocupamos en este momento. Así experimentamos la vida como «viéndola desde los zapatos ajenos».

La segunda posición mental es indispensable para un terapeuta neurolingüista, ya que le propicia evaluarse a sí mismo desde el punto de vista de otra persona, distanciado del *yo*, permitiéndole saber cómo le perciben los demás. Ésta es una posición perceptiva muy interesante para poder comprender correctamente las relaciones terapéuticas. Esta perspectiva nos conduce a comprobar que los demás también tienen sus «razones», que tal vez no estemos usando el modelo o la forma más adecuada para ese paciente en cuestión, que incluso se nos note que no estamos lo suficientemente comprometidos o presentes en el tratamiento, y que nosotros no somos tan «maravillosos» como creemos.

En la segunda posición podemos situarnos en el nivel de nuestro interlocutor y adecuar nuestra comunicación verbal y no verbal a sus necesidades. La perspectiva mental de la segunda posición nos abre las puertas de la flexibilidad y de la comprensión.

Algunas escuelas llaman empatía a la adopción de esta posición. No cabe duda de que la adopción de este punto de vista es requisito *sine qua non* para la comunicación eficaz y la auténtica profesionalidad. ¿Cómo podríamos si no, comprender las necesidades reales de los demás, las potencialidades, las alternativas de que disponen, las creencias, expectativas, criterios y valores de quienes nos rodean, si no nos adentramos en su mundo interior?

La segunda posición cumple una doble función: por un lado nos conduce al mundo interior del paciente, para comprenderlo desde su perspectiva, sentimientos, etcétera; y por otro lado, nos permite darnos cuenta y asumir cómo nos percibe él.

Tercera posición

El observador. Desde esta posición se observa la primera posición –*yo*– y a la segunda –el *otro*– como un espectador ajeno, como si la situación no nos afectara directamente. Se trata de una observación imparcial, desde fuera, valorando la interacción de ambos sujetos, el *yo* y el *otro*, pero sin una implicación emocional (subjetiva). En cualquier instante se puede desarrollar o practicar esta capacidad de observación objetiva, siendo conscientes de la postura corporal, de los propios pensamientos, observando la manera como caminamos, nos movemos, hablamos..., cuáles son los mecanismos que utilizamos para pensar lo que pensamos ahora mismo... y todo ello observándolo como si fuéramos espectadores ajenos a nosotros mismos.

Es apasionante esta capacidad humana de poder colocarnos en la tercera posición perceptiva frente a nuestro propio *yo*, ante los *otros*, y ante una situación (contexto). Ésta es una de las facultades que nos distingue de los animales, al permitirnos disociarnos de tal manera que podamos ser espectadores de nuestros propios actos.

Metaposición

En esta posición integramos en la observación a los tres sujetos anteriores: *yo*, *otro* y *observador* (primera, segunda y tercera posición) observando el conjunto y sus interacciones tal y como lo vemos en la figura de la página 69. Algo así como ser observador del observador que percibe a los sujetos implicados en la interacción.

La metaposición nos permite evaluar todo el sistema, comprobar cómo realizamos los cambios de posición perceptiva, si en algún momento de nuestras disociaciones y asociaciones «arrastramos» los contenidos de una posición a cualquier otra. Ésta sería una valoración de supervisión y de control, una especie de omnisciencia, como si hubiese un «ojo divino» que todo lo ve y todo lo sabe, a fin de corregir las deformaciones en que –sin darnos cuenta– podamos incurrir en los sucesivos procesos de pasar de una a otra posición.

Técnicas para desarrollar las posiciones perceptivas

Para utilizar adecuadamente las posiciones perceptivas, y a fin de construir una estrategia interna de paso a una y otra posición, hemos diseñado una serie de ejercicios que desarrollan esta habilidad. Estas sencillas técnicas, que detallamos a continuación, pueden servir a un gran número de casos de modelos terapéuticos.

El aprendizaje de las técnicas de cambio de posición perceptiva puede aplicarse a aquellas personas que tienen dificultad para ver la vida desde otros ángulos.

Para los sujetos que viven en un permanente estado de sufrimiento, que todo lo experimentan interna y profundamente, que las desgracias ajenas las sienten como propias, con los consiguientes agotamientos emocionales y trastornos orgánicos. A dichas personas les conviene aprender a salir de la primera posición en la que permanentemente están asociados o de la segunda, en la que entran fácilmente, y aprender a vivir más en la tercera posición.

En cambio, a otras personas –frías, calculadoras, excesivamente objetivas y distantes– les conviene acostumbrarse a entrar en la primera y segunda posiciones y tratar de ver la vida más desde dichas posiciones.

En la figura de la página siguiente observamos los diferentes puntos de vista que se obtienen de un mismo objeto (o hecho), ubicándose en los tres espacios diferenciados y que tenemos a continuación marcados con A, B y C.

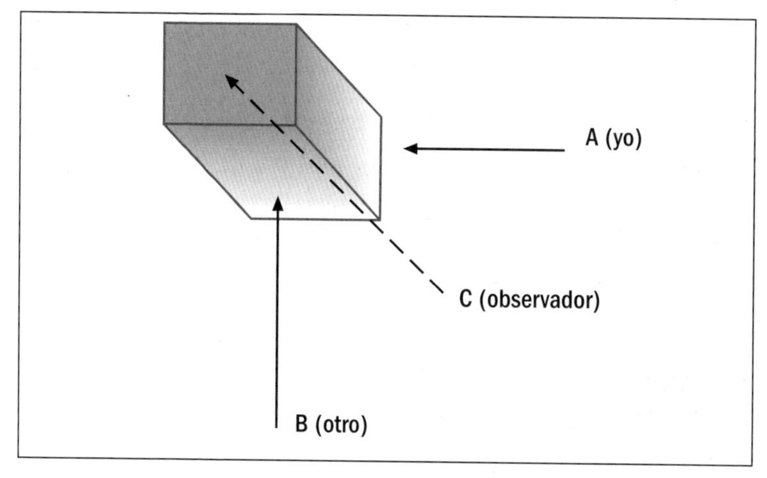

Esta visión tridimensional del sistema nos da una idea de lo que ocurre dentro de él (en la relación interpersonal), cuando cada uno de los elementos se mantiene fijo en su posición y no acepta los otros dos puntos de vista.

Cuando conseguimos que el desplazamiento posicional se produzca, ya sea física o mentalmente, los sujetos actores comienzan a vislumbrar otros aspectos no observados y, por lo tanto, no valorados, que también están presentes en el hecho (objeto) y que hasta ese momento habían pasado desapercibidos. Al crear una estrategia de observación tridimensional en el individuo, si ésta se practica, pasa a integrarse como un programa neurolingüístico que permite, como consecuencia, una mayor flexibilidad y adecuación en sus respuestas ante cualquier tipo de conflictos.

Como vemos, son múltiples y variadas las aplicaciones que podemos obtener de las posiciones perceptivas, y no acaban aquí, ya que su utilización abarca todos los niveles.

Existen ciertos términos que conviene clarificar al asumir las posiciones perceptivas, ya que algunos pueden inducir a errores.

Imitar

Se da en aquella persona que manteniéndose en su primera posición copia las acciones de la segunda posición: yo sigo siendo yo, y actúo forzadamente reproduciendo únicamente las conductas (verbales y incluso algunas no verbales) del otro. Imitar no es lo mismo que establecer *rapport*, ni tampoco que entrar en la segunda posición.

Entrar en segunda posición

La persona se pone en la piel de otro y se identifica, se introduce en el mapa de la otra persona, pensando y sintiendo como ella. Éste es el objetivo máximo del establecimiento de un buen *rapport*. Es muy diferente de la imitación, ya que penetrando en la segunda posición la experiencia es completamente nueva, consigue –en cierta forma– ser la otra persona.

Rapport

Es una variante más superficial y visible que la de entrar en segunda posición. Es la adecuación al mapa que podemos observar y calibrar de la otra persona. Se trata del acompasamiento no verbal –y parte del verbal– con el fin de establecer una sintonía armónica en la comunicación. Teniendo en cuenta tanto el plano consciente como el inconsciente, el *rapport* es el principal ingrediente de la comunicación y cambio realizado en PNL. Nuestra actitud en este sentido debe ser siempre la de acoplarnos y dirigir.

Para acoplar o sintonizar con un individuo debemos prestar atención a todos los aspectos de su comunicación, tanto digitales como analógicos. Una vez que hemos observado los detalles significativos de su comportamiento, nuestra tarea es igualar, reflejar, hacer de espejo o acoplarnos a ese individuo.

Para obtener un buen contacto se puede acompañar cualquier movimiento de la otra persona, ajustando el nuestro hasta movernos junto con ella, pero siempre sin llegar a la pantomima o imitación. Una vez establecida la sintonía, usaremos nuestro cuerpo manteniéndonos acoplados durante el tiempo que sea necesario y luego nos ocuparemos de dirigir con nuestros movimientos al sujeto en la dirección y estado que convenga. Es muy importante saber hacia dónde queremos dirigir a una persona.

Ritual

Hemos citado en algún momento este término, que para nosotros es equivalente a aquello que nos rodea, el contexto adecuado, la relación y vínculo terapéutico que facilita la conexión con el paciente.

Podría equipararse al ceremonial que envuelve todo acto terapéutico, claro está, siempre dentro de la ecología, la ética y la moral que corresponde al profesional. Como diría Sheldon B. Kopp en su libro *Gurú. Metáforas de un psicoterapéuta*:

> *«El gurú, sea cual sea sus manifestaciones en diferentes épocas y lugares, siempre es aquel miembro de la comunidad que entiende el lenguaje olvidado del mito y el sueño».*

> Eran las fiestas de la capital, y Nasrudín había ido a la gran feria de ganado que allí se celebraba. Todo estaba a rebosar de gente. Por la noche cuando se trasladó hasta el campamento para descansar y pasar la noche, se encontró que todo estaba lleno de viajeros.
>
> –Entre la gente –pensó– ¿cómo sabré quién soy yo mañana cuando despierte? Bien, me ataré un globo en el pie y así mañana, cuando lo vea, sabré que soy yo.
>
> Así lo hizo. Pero un guasón que estaba al acecho decidió gastarle una broma. Cuando Nasrudín se durmió, le soltó el globo y se lo ató al que estaba a su lado.
>
> Por la mañana, cuando Nasrudín se despertó, miró su pie y no vio el globo. Miró a su vecino y observó el globo en el pie de aquél. Alarmado exclamó:
>
> –Si yo soy ese, entonces, ¿quién soy yo?

Atraer la atención

Existe un factor muy poco estudiado a la hora de investigar la conducta humana, se trata de lo que conocemos como «necesidad de llamar la atención de otros». No nos referimos a la atención como capacidad de observación focalizada, sino a la «demanda de atención», a que «se note que estamos ahí». Esta actitud es una de las conductas humanas desequilibradas e infantiles heredadas y alimentadas por la sociedad, que más estragos ocasionan al individuo.

Muchos comportamientos –tanto éxitos como fracasos– tienen su raíz en ese deseo compulsivo de «llamar la atención». Basta con una simple mirada a nuestro alrededor, para darnos cuenta de que, por lo general, lo que aparentan ser relaciones humanas e intercambios (sociales, empresariales, terapéuticos, comerciales, etcétera) no son más que situaciones de demandas de atención encubiertas.

El ser humano mayoritariamente es tan inseguro, tan inestable, tan vano, que necesita atraer la atención, para considerarse digno, valioso o importante.

En la mayoría de las ocasiones, cuando alguien cree que está realizando una conducta con una determinada intención (comprar, vender, dialogar, exponer, etcétera), en realidad está demandando atención. En esos casos, el resultado de sus actos será, cuando menos, más deficiente tanto a nivel consciente como inconsciente. Pero, además, su capacidad de control conductual estará sensiblemente mermada, ya que sus razonamientos y emociones estarán creyendo cosas que no son.

Sería importante, no sólo para el sujeto paciente, sino para el facilitador, que se consideren las siguientes advertencias, si es que los planteamientos anteriores los considera se toman como ciertos:

- Que la segunda intención o intención oculta de muchas conductas puede ser muy diferente de lo que en realidad aparenta. Además, con frecuencia esta intención oculta es el deseo o la necesidad de manejo de la atención (llamar, buscar, dar, intercambiar, recibir).
- Es muy probable que este factor de atención esté presente en la mayoría de las interacciones humanas, en mayor o menor grado.

- La actividad de llamar la atención, o hacernos notar, si la hacemos consciente, nos puede hacer mucho más eficientes, ya que al mantenerla bajo nuestro control, dejaría de ser una variable del entorno, convirtiéndose en una variable de decisión.
- Es frecuente que un sujeto se sienta frustrado por no recibir el reconocimiento que esperaba en transacciones humanas que no requieren de tal reconocimiento. Ello ocurre debido a que el individuo no pretendía comprar o vender (o cualquier otro acto) sino que, de manera subyacente, la acción superficial de compra-venta la emprendía para que la otra parte le reconociera y valorara (atraer atención).
- No pretendemos asegurar que atraer la atención sea en sí mismo algo contraproducente, lo que hace que pueda llegar a ser perjudicial o ineficiente es no ser consciente de que tal elemento afecta a la conducta.

Un exceso de atención

Como en todo, en el término medio está la virtud, ya que un exceso de atención (atraer, buscar, dar) puede ser algo ineficiente o inútil. Lo mismo puede ocurrir con su escasez o ausencia.

Uno efecto nocivo del exceso de atención se produce cuando una persona necesita vehementemente que la tengan en cuenta (para satisfacerse emocionalmente) es fácilmente manipulable. Dado que la persona busca esa satisfacción, al recibirla por parte de otra persona u organización, queda bajo su influencia, debido a que si impide ser influenciada, también dejaría de recibir atención.

No siempre la búsqueda de atención se produce de forma positiva (agradable, amistosa), también puede manifestarse como rechazo, agresividad, grosería, etcétera, lo que importa es atraer esa atención, y el sujeto va a utilizar cualquier conducta para conseguirlo.

Muchos de los términos de referencia, creencias o incluso valores de los que dispone un sujeto en su etapa de adulto, proceden de situaciones en las que su voracidad de atención le ha dejado sin defensas para protegerse de la inculcación.

Nuestra mente, como ese «pelotón de tontos» alternante, es la responsable de la inestabilidad en las ideas y opiniones, simplemente debido, a que según el «tonto» que esté al mando, la demanda de atención va hacia un lado o hacia otro.

La continua necesidad inconsciente de atención provoca, con frecuencia, la búsqueda de nuevos y variados estímulos que satisfagan tal deseo. Por este motivo la gente suele preferir nuevas vivencias, nuevos contextos, nuevos ambientes, en los que personas diferentes puedan saciar su hambre. Muchas veces preferimos ser sorprendidos por el flujo de atención. Resulta más emocionante no saber de dónde nos llegará la siguiente fuente de alimentación.

Si nos diéramos cuenta conscientemente de qué manera ese deseo de atención nos deteriora, podríamos utilizar de forma mucho más fructífera los potenciales de nuestra mente, entre ellos de desarrollo, evolución y aprendizaje.

Durante los primeros años de la infancia comienza a desarrollarse el deseo de atención. El niño asocia este deseo con su necesidad de afecto, de alimento, se podría decir que forma parte del propio sistema de supervivencia y protección. Ahora bien, como otros muchos aspectos del desarrollo humano, si no se transforma cuando es adulto, aquello que era potenciador se convierte en limitante y deformador (incapacitador). Como se puede observar fácilmente, mientras que en los niños se corrigen o desvían ciertas tendencias negativas como la posesividad o la voracidad; el factor demanda de atención pasa desapercibido y ausente del tratamiento. Como consecuencia de esta situación, los adultos siguen siendo automanipulados por tales características sin más alternativas.

Tomar conciencia

Un adulto puede desarrollar ese deseo de atención más allá de la mera satisfacción (una vez que toma conciencia de él), utilizándolo para fines más transpersonales.

Muchas de las situaciones de alejamiento o atracción entre los seres humanos están basadas es el deseo de atención. Es fácil achacar tales fluctuaciones a cambios en nuestro estado interno o en el estado interno del otro, cuando en realidad lo que ha ocurrido es que la atención no está siendo satisfecha en el modo y la cantidad exigidos. Un «mal día» para alguien, podría no ser más que un día en el que sus expectativas de atraer atención no se han visto satisfechas.

Síntomas que aparentemente no tendrían nada que ver con la demanda de atención, si se analizan desde esta perspectiva podrían dar un muy diferente campo de tratamiento. Es lo mismo que ocurre cuando se sigue fanáticamente a los líderes, buscamos dar o recibir atención. Por este motivo, mucha gente se siente confundida, ya que el objeto de la atención cuando quiere hacerse notar puede ser muy diverso: no sólo personas, sino objetos, ideas, ritos, etcétera.

Al conocer y aceptar la teoría del «deseo de atención» nos resulta mucho más fácil y manejable comprender hechos que antes permanecían aislados, y que ahora pueden asociarse. La nueva visión va a permitir un análisis mucho más holístico de cualquier acontecer humano.

La incapacidad para percibir el momento en el que la demanda de atención se encuentra en activo, para potenciarla o frenarla una vez que ha sido activada, transforma al sujeto en una entidad débil y manipulable, pudiendo ser influenciado y dispuesto a recibir «lavados de cerebro», inoculación de ideas o adoctrinamientos sectarios.

Resulta fácilmente observable cómo los individuos más primitivos (inmaduros) utilizan el incremento del tono emocional para convertirse en foco de atención.

Llanto, sufrimiento, emocionalidad desmedida o fuera de lugar, catarsis, enfados exagerados o fuera de tono, etcétera, son algunas de las manifestaciones de la inmadurez y de ese modo de buscar atención.

En definitiva, el aprendizaje del enfoque correcto de este factor de atención es una ardua labor que requiere mucha disciplina y paciencia, el primer paso para su correcto manejo es la toma de conciencia, el darnos cuenta, y a partir de ahí comenzaremos a ser dueños de nuestras propias opciones.

> Cierto día un comerciante de alfombras que esperaba la visita de uno de sus mejores clientes, observó que una de sus más hermosas y costosas piezas tenía una extraña protuberancia en el centro. Rápidamente saltó sobre el bulto para aplanarla y, en ese momento, lo consiguió.
> Casi al instante siguiente la deformación del tapiz surgió en otro extremo, de nuevo presionó sobre él y desapareció, pero por breves instantes, para resurgir una vez más por otro sitio. El alfombrero saltó y saltó, una y otra vez machacando, deformando y estropeando la magnífica alfombra en su enfado. Por último, se le ocurrió alzar una de las esquinas de la alfombra, viendo salir precipitadamente una no menos malhumorada serpiente.

Segunda parte

Estudios de casos y soluciones

Capítulo 5

Eso que llamamos depresión

Vivimos en un mundo de etiquetas y encasillamientos; parece que la mayoría de la gente necesita «disecar» los hechos para pretender controlarlos, sin darse cuenta de que la propia taxidermia hace que lo observado ya no les sirva de nada.

Por su propia naturaleza, cualquier proceso –y la enfermedad en todas sus manifestaciones lo es– es una acción en curso y que en el momento que lo etiquetamos o nominamos –transformación de un verbo en sustantivo– estamos transformándolo en algo consumado, inmóvil y estático.

La nominación

Con eso que llamamos depresión ocurre lo mismo. *Depresión* es una nominación del verbo deprimir, y un verbo tiene tiempos (pasado, presente y futuro), mientras que un nombre –sustantivo– queda atrapado en el tiempo, fijo en su propia denominación sin posibilidad de cambio.

Curiosamente, los términos *depresión* y *depresivo* respectivamente sólo surgen en nuestra lengua a finales del siglo XVIII y principios del XIX. Nuestros ancestros no se deprimían; podían pasar malas rachas, pero de ahí a regocijarse o asentarse en esos estados negativos había un abismo.

Las etiquetas

Lamentablemente, ésta es una actitud demasiado frecuente en el ámbito de la salud. En el momento en que colocamos una etiqueta al mecanismo de enfermar, estamos sentenciando al paciente a quedarse encasillado a su propia etiqueta. Veamos qué ocurre:

Un individuo comienza a entristecerse, abatirse, desmotivarse y a experimentar cierta sensación de vacío. La actividad cotidiana deja de ser interesante o placentera, se trastorna alimentariamente, perdiendo el apetito o ansiando la comida; sus capacidades para concentrarse, pensar, decidir y crear disminuyen sensiblemente. A la hora de acostarse no le es posible conciliar el sueño o, por el contrario se siente tan decaído a lo largo de todo el día que lo único que desea es dormir.

En tal estado es tratado por un psiquiatra o psicólogo. El especialista, con la mejor intención del mundo, realiza su diagnóstico: «*Usted tiene una depresión*», «*Usted tiene un brazo*» o «*Usted tiene los ojos castaños*».

Sin embargo, la gran diferencia, es que el sujeto tenía el brazo incluso antes de nacer, así como el color de los ojos. Pero la depresión, ¿cómo recayó en ese estado? ¿Fue infectado por un extraño virus? ¿Se contagió en la oficina?

Las estrategias

Existe tal manipulación informativa, tal robotización del ser humano, tal pérdida de *sentido común*, que la persona no es capaz de desarrollar sus propias capacidades «curativas» naturales. Hemos llegado a un grado de pereza, de abandono y degradación, que preferimos paliar los síntomas una y otra vez, antes que hacer un pequeño acto de voluntad por conocer el origen real de nuestros males y hacer el esfuerzo por erradicarlos de una vez por todas.

En mi experiencia terapéutica he tratado cientos de casos que habían sido etiquetados como «depresión endógena o exógena». ¿Qué es lo que me he encontrado? ¿Qué dice el *sentido común* al respecto?

Muy simple, en todos ellos existe un denominador común: un hecho, circunstancia o acontecimiento consciente o inconsciente que marca un punto de partida en el que el sujeto comienza a deprimirse, o mejor dicho, a desarrollar un conjunto de síntomas como los descritos líneas atrás.

La estrategia que poseen tales individuos, definida desde el punto de vista de PNL, es muy sencilla y la genera básicamente un «bucle» de diálogo interno y kinestesia negativa.

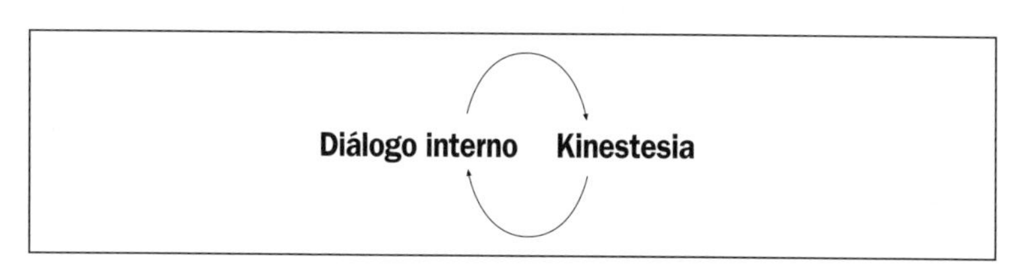

Ello no implica que no existan componentes bioquímicos y hormonales durante el tiempo en que el paciente padece las manifestaciones etiquetadas como depresión, pero bajo el prisma de la PNL, la respuesta fisiológica es una consecuencia de un proceso mental previo (consciente o inconsciente).

¿En qué se diferencia un individuo deprimido, de otro que no se deprime? Fundamentalmente en las alternativas para afrontar las situaciones de la vida. Veámos dos casos:

El caso de Marta

Marta es una mujer de 38 años, soltera, jefa eficaz de sección en la administración pública, que vivía con su madre. A los nueve años perdió a su padre en un accidente de tráfico, des-

de entonces permaneció fuertemente unida a su progenitora, quien –con grandes esfuerzos y sacrificios– consiguió sacar adelante la casa y la educación universitaria de su única hija. Hacía más de seis años que a la madre le habían diagnosticado un cáncer de hígado. Cuando lo supo, su hija se volcó en su cuidado, renunciando a cualquier otra actividad social e incluso al matrimonio por permanecer al lado de la enferma.
Cuando Marta vino a verme hacía tres meses que su madre había muerto. Los síntomas eran evidentemente claros: estaba profundamente deprimida. La vida carecía de sentido para ella, su principal objetivo, que desde años había sido cuidar a su madre, había desaparecido de golpe; su círculo íntimo –la madre– se había esfumado, y su trabajo de funcionaria resultaba monótono y aburrido. Sus actos diarios carecían de sentido, ya no le servían de nada. En ese momento de su vida, el diálogo interno no cesaba: empezando con los lamentos, siguiendo con la autocompasión y casi rozando con ideas suicidas. Sus días transcurrían en un estado de somnolencia, apatía e inanición; lo único que había conseguido la baja médica era aumentar su malestar e incrementar su diálogo interno, que la atormentaba y precipitaba a un abismo sin fondo.

El caso de Julio

Julio es un hombre de 42 años, mecánico en una importante fábrica de automóviles, y padre de tres hijos (de 18, 14 y 11 años), volcado desde muy joven en el trabajo y en dar todo lo posible a su familia: casa, vacaciones, comodidades, estudios, etcétera. Continuamente realizaba proyectos para mejorar la vida de los suyos.
Una mañana, sin esperarlo, sin una causa objetiva clara, su mujer le anuncia que se marcha a vivir con otro hombre, y lo abandona dejándolo con las criaturas.

Al principio, el mundo se le viene encima. Hasta ese momento la casa y el cuidado de los hijos había sido cosa de la esposa, y ahora él debía asumir toda la responsabilidad. Al poco tiempo del acontecimiento, el hijo mayor decide también marcharse de casa para vivir en una comuna de «ocupas». Debido a la cantidad de horas que pasaba entre el trabajo y los desplazamientos, los otros dos hijos se encontraban descontrolados, desatendidos y comenzaban a tener problemas. En tales circunstancias, Julio comenzó a sentir fuertes deseos de «tirar la toalla», y sumirse en un letargo próximo a la «depresión». Sin embargo, decidió analizar objetivamente el problema y buscar una solución que atajara los puntos débiles; es decir, quería desarrollar nuevas alternativas para la nueva situación. Él mismo argumentó: «Unos hechos diferentes requieren diferentes formas, distintos modos de pensar y de proceder».
Por último, decidió independizarse, hacerse autónomo, montar un taller propio en los bajos de su casa, de forma que pudiese, no sólo tener un mayor control sobre los dos hijos adolescentes e, incluso, hacerlos partícipes del negocio familiar; a la vez que no permitió que los estados limitadores y cíclicos que desencadenan en conjunto los síntomas etiquetados como depresión se apoderaran de él.

¿Cómo es posible que Marta llegase al borde del desequilibrio y Julio no? ¿Acaso la formación universitaria o ser funcionario predispone a ciertos tipos de alteraciones psicológicas? ¿En qué se parecen y diferencias ambos casos?

No nos fijemos en las circunstancias sino en los aspectos esenciales de los dos casos:

- Tanto Marta como Julio sufren una pérdida.
- Los dos se encuentran desorientados tras un hecho crítico.
- Ambos llevaban una vida estable hasta el momento del desenlace.

- Julio es capaz de sobreponerse.
- A Marta le vence la situación.

¿Qué poseee Julio que no tenga Marta? Vivir experiencias desagradables es normal, y sufrir emocionalmente también, y no por ello enfermamos necesariamente. La diferencia entre estas dos personas es que mientras una, Julio, lucha por descubrir nuevas alternativas y mejorar así el complejo mundo que le ha tocado vivir; la otra, Marta, se abandona y autocompadece dejando en manos de terceros la solución de su problema; opta por la «vía cómoda» de no esforzarse; y eso sí que es patológico.

¿Cómo actuamos terapéuticamente en PNL en un caso como el de Marta? Muy sencillo, seguiríamos lo que dicta el *sentido común*, marcarse objetivos motivadores que den un nuevo sentido a la vida. Aquí el terapeuta solamente se limita a aportar los modelos más adecuados que permitan al sujeto desarrollar ese sentido de vida que necesita.

Intervención neurolingüística

Después de veinte años de asesoramiento individual y organizacional –las organizaciones también se deprimen, pero ese es otro estudio– hemos diseñado o readaptado un modelo casi tan antiguo como la humanidad, para hacer frente y eliminar el «virus de la depresión». El modelo consta de tres pasos básicos, que veremos a continuación.

Identificación del problema

Partimos, como en todo análisis realizado con PNL, de la identificación del problema. Una de las mayores dificultades de todo terapeuta –sea cual sea su especialidad– es la determinación específica del problema a resolver. Con frecuencia se suelen agrupar elementos que nada o muy poco tienen que ver con la experiencia constitutiva del trastorno; este hecho hace prácticamente imposible atacar la raíz, puesto que «los árboles nos impiden ver el bosque». Para determinar los límites –y esto es puro *sentido común*– es preciso desbrozar, eliminar los matojos y malas hierbas que tapan la vereda.

No debemos olvidar que la depresión es el síntoma, nunca el problema. Si realmente queremos ser eficaces en las aplicaciones terapéuticas, aprenderemos a separar lo superfluo de lo esencial, lo adicional del núcleo, la paja del grano; ya que, de lo contrario, podremos ganar mucho dinero –tendremos los mismos pacientes durante toda la vida–, pero seremos facilitadores deficientes o inútiles, profesional y humanamente hablando.

Una vez que el sujeto ha llegado a enmarcar el problema con nuestra guía, ya tenemos casi la mitad del trabajo realizado. Pero enmarcar el problema supone también reconocer las emociones –una por una– que los hechos y los consecuentes pensamientos (creencias, valores, criterios, etcétera) desencadenan en el interior del individuo. Observemos que aunque existen causas externas, la depresión no es más que un estado interno, y que hay que tratarlo como tal, y que el componente esencial del mismo es la pérdida del sentido de la vida, de la trayectoria que tenía fijada. Es como si por el hecho de ir caminando por la calle, tropezar y caernos ya fuésemos incapaces de erguirnos, debiendo continuar toda la vida arrastrándonos por el suelo como reptiles.

Basta con echar un vistazo a las investigaciones realizadas sobre personas susceptibles de ser atrapadas por las sectas, para darnos cuenta de que un alto porcentaje de adeptos son personas con problemas y –muy especialmente– gente con síntomas o tendencias depresivas. ¿Qué ofrecen las sectas para ser tan atractivas a estos individuos? Un sentido a su vida, un proyecto, un algo por lo que estar ilusionado.

Facilitar el desarrollo de un nuevo sentido

Entonces, el segundo paso de nuestra terapia sería descubrir o facilitar el desarrollo en el paciente de ese nuevo sentido, de ese objetivo motivador que llene completamente su vida y por el que esté dispuesto a esforzarse y cambiar. Y dicho esto, ¿de qué estoy hablando? De valores.

En PNL, los valores son todas aquellas cosas por las que estamos dispuestos a esforzarnos, a generar recursos y a cambiar con la finalidad de conseguirlos. Sin ellos nada puede mudar. Los valores son la base de la identidad y, si en cierto momento éstos dejan de tener sentido, o de poder ser satisfechos, la identidad queda desprovista del sustento principal, del alimento que la nutre y mantiene.

Si una persona –Marta por ejemplo– tiene como valores fundamentales el servicio, la ayuda, el sacrificio y el amor filial; cuando desaparece el receptor de ese servicio, ayuda, sacrificio y amor, que era su madre –siguiendo con el mismo caso– su identidad se desploma, siendo incapaz de asignar nuevos significados a tales valores. En este caso concreto, y tras la terapia, no hubo necesidad de incorporar nuevos valores, los que poseía eran importantes y transpersonales, por lo que sólo bastó con reencuadrar el contexto. En lugar de tener un solo receptor de sus valores, Marta los multiplicó dándolos a muchos más seres necesitados, al convertirse en miembro activo en una ONG de ayuda humanitaria a enfermos.

La aplicación del modelo

El tercer paso sería la aplicación del modelo específico para resolver el estado. Aquí existen tantas formas de abordaje terapéutico como pacientes, aunque en PNL manejamos modelos estándar generalizables respecto a la forma, nunca a partir del contenido.

Cuando se trate de un estado depresivo generado por recuerdos –imágenes o palabras– de escasa intensidad; es decir, que la experiencia impronta no haya generado una estructura profunda traumática, podemos resolver la crisis con un simple cambio de submodalidades en los recuerdos permanentes. Bastaría con identificar las submodalidades de la imagen limitante para transformarla, cambiando las submodalidades críticas por otras de calidad potenciadora.

Si, por el contrario, la impresión que se mantiene a nivel subconsciente es de tal consistencia que el sujeto permanece casi constantemente en un estado interno negativo (limitante), podemos utilizar varias técnicas, dependiendo, claro está, del grado de conflicto, o de nuestra habilidad en el manejo del modelo.

Si la depresión tiene una causa identificada, aplicaremos una «cura rápida de fobias o traumas», cuidando de que el sujeto se mantenga debidamente disociado en la fase crucial del proceso.

Cuando la depresión no tiene una causa identificable fácilmente, recurriremos a la «reimpronta», buscando a partir del estado presente las conexiones que nos conduzcan al foco original del conflicto. Una vez recodificada la experiencia, chequearemos debidamente con un «puente al futuro», a fin de cerciorarnos de haber localizado y corregido la experiencia impronta y su codificación subjetiva.

Otro modelo que considero de máxima elegancia y utilidad es el «reencuadre», ya que es el método más puro de PNL, en el que sólo el paciente interviene en su propio cambio, sin que el terapeuta introduzca –aunque sea con la mejor intención– ningún tipo de contenido ajeno al propio sujeto y a sus propios recursos presentes.

Es obvio que, además de la intervención puramente neurolingüística, puede ser recomendable –y esto es *sentido común*– aconsejar al sujeto la realización de ciertas actividades que le liberen de su egocentrismo.

Tengamos presente que la imposibilidad de alcanzar o mantener los valores presentes –tal y como hasta ese momento los concibe– es la causa de la mayoría de las crisis de esta naturaleza, por lo que resulta necesario, incluso una vez aplicados los modelos remediativos, reencuadrar el contexto de aplicación de los valores primitivos. Si no realizamos esta operación generativa de recursos, es muy posible que retorne el *estado problema*, al no resultar útil el nuevo estado para satisfacer o alcanzar el sentido de la vida que tiene el individuo.

El factor «atención»

Ya hemos hablado de una de las actitudes humanas menos estudiadas y no por ello menos influyentes en la mayoría de las alteraciones y somatizaciones. Se trata del «deseo de llamar la atención» o compulsión por atraer la atención de los demás. ¿En qué se basa esta ansia de atención? Si recordamos los principios de PNL, encontraremos las afirmaciones de: «toda conducta tiene una intención positiva», y «toda enfermedad es una conducta». Por lo tanto, consideramos que tras cualquier depresión se esconde una intención positiva.

Llegado a este punto, siempre se alzan voces de protesta que reclaman que a nadie le gusta estar enfermo, y que esa aseveración de la PNL es gratuita y sin fundamento. Nuestra respuesta a tal queja es: sí y no. Tal vez conscientemente el sujeto comprenda que su alteración de la salud le acarrea incomodidades o malestar, pero inconscientemente –y el subconsciente no entiende de razonamientos lógicos– existe una intención oculta –o segunda intención– muy diferente de la que conscientemente se llega a manifiestar.

Si alguien –debido a esa «compulsión por atraer la atención de los demás»– no está recibiendo la respuesta que desea de los otros, generará los mecanismos más sibilinos imaginables para atraer la atención y que se fijen en él o en ella. Ese factor «atención» está presente en la mayoría de las interacciones humanas, sean de la naturaleza que sean (familiar, laboral, social, comercial, etcétera).

No queremos decir que «llamar la atención» en ciertos momentos (dependiendo del lugar, el momento y las personas) sea siempre negativo. Lo que resulta contraproducente para cualquier persona es que tal «llamada de atención» se convierta en algo patológico (vicioso o abusivo).

Todo en su justa medida resulta beneficioso, y muy especialmente, cuando somos plenamente conscientes de que lo que pretendemos es «llamar la atención», y asumimos totalmente la responsabilidad. Es entonces, cuando podemos transformar las variables del entorno en variables de decisión.

Si un individuo se mantiene en la inconsciencia de su voraz deseo de atención, resultará fácilmente manipulable por cualquiera que lo detecte –y hay muchos especialistas– y, a cambio de ofrecerle su atención, le exija o le condicione a una dependencia (emocional, económica, filial, laboral, sectaria, adictiva, etcétera). Y, aunque pueda parecer raro, esto sucede con mayor frecuencia de lo que imaginamos.

«Mi mamá me mima»

En la depresión, la «llamada de atención» puede ser uno de los móviles frecuentes de su desencadenamiento y posterior mantenimiento. Es el síndrome que hemos bautizado como «Mi mamá no me mima». El sujeto se siente falto de su dosis de atención y la busca a toda costa dejando decaer su ánimo para que su círculo familiar o personal esté pendiente de él (o ella), y le estén preguntando constantemente por su estado de salud, sintiéndose –inconscientemente– el centro de atención.

Hay, sin duda, quienes argüirán que también existen depresivos solitarios, personas que se aíslan y no se relacionan con nadie; es cierto, pero aquí estamos ante un caso similar al anterior, solamente teñido por la personalidad de ese grupo de personas. No obstante, esos pacientes al encerrarse en sí mismos, abandonan sus actividades laborales, sus quehaceres familiares, sus obligaciones sociales y, de ese modo, también llaman la atención.

Capítulo 6

Traumas simples y complejos

La Real Academia define el *trauma psíquico* como un choque o sentimiento emocional que deja una impresión duradera en la subconsciencia. Por su parte, F. Dorsch en el *Diccionario de Psicología* lo expresa como:

> «*Vivencia que aparece de modo brusco y afecta profundamente al individuo. Muchas veces es breve, pero puede ser de larga duración. Se trata de vivencias de espanto, angustia, gran repugnancia, etcétera, que dejan consecuencias persistentes, como neurosis, desarrollo neurótico, deformación caracterial, etcétera*».

El trauma en la PNL

En PNL, consideramos *trauma* a cualquier impacto emocional que queda impreso en la mente, tanto en el plano consciente como subconsciente, generando un conjunto de creencias limitantes que condicionan el desarrollo normal del individuo. En este grupo de impactos podemos incluir los traumas, *shock* e impactos emocionales de alta intensidad.

Cuando se producen estas experiencias en el sujeto y, como no es capaz de codificarlas correctamente –en ese momento– por falta de términos de referencia adecuados, se generan frecuentemente bloques de creencias que configuran un modelo inconsciente en el que están implicadas personas significativas (madre, padre, hermanos, tutores, abuelos, por ejemplo).

En la mayoría de los casos, las personas implicadas son aquellas con las que el individuo tiene una relación de dependencia emocional, es decir, las que de algún modo le suministran –o le deberían suministrar– el polo energético emocional necesario para que sus emociones puedan manifestarse.

Los tipos de experiencias a las que nos referimos crean en la persona una huella, una impresión o un molde que filtrará en lo sucesivo cualquier experiencia en la que intervengan o puedan intervenir emociones de igual naturaleza que las presentes en la experiencia que da origen a la impresión.

Modelo de la *reimpresión*

Las sucesivas impresiones de igual naturaleza básica, forman un «gestalt» de experiencias traumáticas o cadena que es la que debemos desarticular. Uno de los modelos más eficaces para intervenir en estas situaciones es el conocido como *reimpresión (reimprinting)*.

El propósito de la reimpresión es encontrar los recursos necesarios para cambiar las creencias de la persona, recodificar su experiencia subjetiva –recuerdo– y reorganizar los roles de las personas significativas relacionadas, en caso de que se presenten, de modo que las cargas emocionales que las acompañan desaparezcan.

La experiencia original

En nuestra definición, podemos incluso dividir los traumas en simples y complejos, en función de la mayor o menor facilidad de acceso que se tenga a la estructura profunda del mismo y a la experiencia original.

Algunas veces no es necesario que exista un hecho objetivo para que surja el trauma, puede proceder de la imaginación (alucinación), y quedar arraigado como tal.

No entraremos en la disquisición de cómo se generan los referidos impactos emocionales; a nosotros nos interesa la forma en la que se manifiestan, y las limitaciones o bloqueos que conllevan para el paciente. No creemos necesario repetir una vez más que en PNL trabajamos fundamentalmente con la forma, y que es ésta la que nos interesa para poderla modificar.

Que un perro me mordiera cuando era niño es un hecho inamovible, lo que sí puedo cambiar es mi comprensión profunda y las emociones actuales asociadas a tal experiencia.

La mayoría de las veces, los sujetos desconocen o no recuerdan cuáles fueron esos impactos iniciales que dejaron tanta huella en su vida. ¿Cómo localizar entonces tales situaciones?

Cualquier patrón de conducta, cualquier bloqueo de capacidades, cualquier creencia limitante, consecuencia de un trauma –por complejo que éste sea– puede ser tratado con el patrón de reimpresión, siempre y cuando sean situaciones reiterativas o resistentes a otros modelos más simples.

Los traumas –especialmente los complejos– generalmente se producen a partir de situaciones problemáticas que tienden a repetirse y en las que se ha creado un patrón de respuesta cuyos síntomas parecen desencadenarse de forma casi automática. Estas situaciones suelen darse durante en la infancia, pudiendo ser recordadas o no, y sólo conocidas a través de otros hechos (incidentes en el nacimiento, abandonos temporales del bebé, episodios o catástrofes familiares relatados por parientes próximos, etcétera).

Nuestra recomendación en estos casos es que una vez identificado el *estado presente* busquemos –utilizando el modelo citado– el *estado problema* causa, antecedente u original. No obstante, cuando nos encontramos desarrollando esta técnica, pueden presentarse ciertas alteraciones emocionales de relativa intensidad, por lo que consideramos importante un *rapport* y acompañamiento comprometidos.

¿Cómo distinguimos los traumas simples y los complejos?

Traumas simples son aquellos de fácil localización, de los que se sabe cuándo surgieron porque tienen una experiencia impronta identificada en el tiempo, lugar y se conocen las personas implicadas.

Los traumas complejos se refieren a conflictos generados por fuertes creencias limitantes que fueron tan impactantes que permanecieron ocultas en las profundidades del subconsciente. Los traumas complejos también pueden haber tenido varios focos originales, teniendo una raíz única, fueron consolidándose de otra forma. Por último, se pueden esconder también detrás de cortinas de humo que encubren problemas de otra naturaleza.

Veamos algunos ejemplos de este segundo tipo para tener mejores términos de referencia.

El caso de Rosa

Rosa es una mujer de 45 años que presenta una fuerte fobia (según ella desde siempre) a las aves, y a todo aquello que contenga cualquier tipo de derivado (carne, plumas, estiércol, etcétera). Tras un minucioso estudio de su sintomatología, concluimos que la fobia no era otra cosa que la somatización de un trauma del que la paciente no tenía recuerdo consciente. Como no conocíamos el punto de inicio, y dada la variedad de impactos disparadores (anclas), no resultaba eficaz la aplicación del modelo «Cura rápida de fobias y traumas».

La angustia, la ansiedad y el pánico se presentaban en cualquier lugar, en todo momento y con multitud de elementos avícolas o que tuvieran relación con estos animales. Poco a poco, utilizando la técnica del *reimprinting*, descubrimos varias fuentes de impactos emocionales que habían reforzado e incrementado su conflicto.

En la búsqueda aparecieron experiencias encadenadas como:

ser sorprendida durante un tranquilo paseo invernal por una bandada de tordos que casi se abalanzó sobre ella; en otra ocasión se estrelló sobre el parabrisas de su automóvil una paloma que quedó destrozada en el cristal; cuando niña, sus hermanos la encerraron en un gallinero y no pudo salir de él hasta después de media hora, mientras que las aves asustadas no dejaban de revolotear, saltar y cacarear estridentemente en torno de ella.

Aunque cualquiera de esos impactos tenía la suficiente fuerza como para provocar cierto tipo de trauma, ninguno de ellos parecía tener la intensidad necesaria para constituir la causa antecedente.

Por fin, desde las profundidades del subconsciente, y en un profundo estado de trance por efecto del modelo usado *(reimprinting)* surgió un hecho nebuloso completamente olvidado –posteriormente objetivado tras confirmarlo con su familia– que mostraba todas las características de ser el engrama inicial.

Cierto día, cuando Rosa tenía 3 años de edad y se divertía en un parque con otros amiguitos, bajo la atenta vigilancia de su abuelo, la niña –muy traviesa y de espíritu aventurero– empezó a jugar en un pequeño estanque en el que nadaban algunos patos, ocas y cisnes. En un determinado momento, y atraída por el grato aspecto de uno los ánades, la pequeña se abalanzó sobre él, le agarró del largo cuello queriendo retenerlo. La oca, al sentirse atrapada, comenzó a graznar, aletear y revolotear pretendiendo zafarse de su opresora, hasta que se lanzó sobre la niña asentándole un fuerte picotazo en la nariz a la vez que la arañaba con las palmas y le rodeaba con las alas toda la cara. La niña, que no esperaba tal reacción del ave, se asustó tanto, que queriendo retroceder para liberarse de la oca que llevaba enganchada en su rostro, tropezó y cayó de espaldas golpeándose en la cabeza y perdiendo el conocimiento. El abuelo la trasladó al servicio de urgencias médicas, donde, tras los correspondientes chequeos y radiografías, dictaminaron que no había ninguna lesión cerebral, sólo un susto que pronto superaría.

¿Cómo se consolidó el trauma?

Rosa vivió a partir de entonces con su aparente normalidad, como si no hubiera ocurrido nada, hasta que el trauma hizo su aparición varios años después.

Con los sucesivos impactos que Rosa recibió periódicamente, y que fortalecían la creencia instalada durante su infancia de que «las aves son muy peligrosas». Y por extensión de la propia generalización de que «todo lo que tenga que ver con las aves es peligroso».

Descubrir o explicitar una experiencia de referencia como la expuesta –y con tantos años de olvido de por medio– no es tarea inmediata, pero sí fácil. Se trata de la aplicación del *sentido común*: si existían problemas con las aves, tuvo que sufrir alguna impresión emocional relacionada; no es posible tener miedo a los patos, y haber sufrido un trauma con las bicicletas.

Hay muchas vivencias infantiles a las que no se les presta atención –y que aparentemente no son trascendentes desde la perspectiva adulta y objetiva– que causan alteraciones anímicas y conductuales durante la edad adulta.

Muchas veces, padres y educadores, equivocadamente, tratan a los niños de cierto modo condescendiente porque no quieren hacerles sufrir, cuando realmente se les está provocando el efecto contrario. Es el «pan para hoy y hambre para mañana».

El que un niño no vea satisfecho un deseo, jamás será causa de un trauma. Pero que a un niño se le consientan todos –o la mayoría– de sus caprichos o antojos, sí que puede ser causa de conflictos futuros.

Aunque tenemos claro que el trabajo con PNL es eminentemente sin contenido, a veces, como en ésta, es útil conocerlo para manejar mejor la dramatización que conlleva el uso de la técnica.

Conviene recordar que es necesario procurar, dentro de las posibilidades, no introducir contenidos del terapeuta en el trabajo. El siguiente caso se resolvió colocando a la paciente en las tres posiciones para que lograra una perspectiva diferente de la situación conflictiva.

El caso de Susana

Veamos otro ejemplo en el que se utiliza también el *reimprinting* para descubrir una experiencia impronta traumática oculta.

Se trata de Susana, quien tiene un dolor casi permanente en el pecho, acompañado de una sensación de asfixia. Dicha sintomatología le provoca un estado de bloqueo y conductas erráticas frecuentes. Se le han hecho todo tipo de radiografías y pruebas, y no hay ninguna lesión orgánica que lo justifique. Esta sensación le acompaña desde muy joven y le impide tener una actividad normal.

Terapeuta: ¿Cuál sería tu *estado deseado*?

Paciente: Que desaparezca completamente el malestar y la asfixia para poder llevar una vida normal, sentir que mi pecho está despejado, y poder respirar libre e intensamente.

Terapeuta: Muy bien, y ¿tienes una imagen de tu nuevo estado?

Paciente: Sí, me veo sonriente, erguida y sana, haciendo cosas que ahora no puedo o tengo miedo de hacerlas mal.

Terapeuta: ¿Qué efectos tendría ese nuevo estado en tu vida?

Paciente: Me comunicaría y relacionaría mejor, me sentiría más abierta y alegre, sin ese peso que tengo sobre mí.

[Omito los detalles del proceso seguido en el análisis para no alargarlo demasiado. Sólo debemos tener en cuenta, que el único medio objetivo que tiene el terapeuta para identificar los cambios, impactos o alteraciones emocionales que se producen durante la sesión es la calibración no verbal (fisiológica) y la verbal (violaciones del metamodelo, así como el uso de predicados. Una vez detectada la experiencia impronta, continuamos.]

Terapeuta: ¿Qué ocurre ahí?

[Lugar donde ubica en la «línea del tiempo» la impresión primera.]

Paciente: Soy muy pequeña, me encuentro sola, y me siento muy mal.

Terapeuta: Desde esta posición completamente disociada de la situación, observando toda la experiencia que recuerdas en su conjunto, y viendo a esa niña ahí, ¿qué crees que necesita la pequeña Susana para manejar correctamente la experiencia, y que desaparezca de ella esa angustia y esa opresión?

Paciente: Que sus padres sepan, se enteren de que no se encuentra bien, que está enferma.

Terapeuta: ¿Qué necesita la niña? No que es lo que tienen que comprender los padres, sino ¿cuál es la necesidad de la niña?

Paciente: Que la atiendan, que la cuiden, que la mimen un poco.

Terapeuta: Que la mime y que la atienda, ¿quién?

Paciente: Que no la abandonen sus padres, que la atiendan sus padres.

Terapeuta: Vamos de nuevo al espacio de la experiencia, al espacio problemático y te asocias de nuevo a ti misma siendo niña.

Paciente: Bien sí, ya estoy de nuevo aquí sola en la habitación.

Terapeuta: ¿Quién está contigo?

Paciente: Mis padres.

Terapeuta: ¿Y cómo te sientes teniendo a tus padres contigo?

Paciente: Con recelo y desconfianza. Creo que no les importo.

[Observa en este punto cómo se ha estructurado una creencia limitante que es la generada a partir de la experiencia subjetiva de considerarse abandonada.]

Terapeuta: ¿Crees que no le importas a tus padres?

Paciente: Sí, eso creo: que no les importo.

Terapeuta: ¿Por qué crees que no les importas?

Paciente: Porque nunca están conmigo cuando yo quiero que estén.

[Se coloca de nuevo al sujeto en metaposición para poder observarlo todo desde allí.]

Terapeuta: ¿Qué tendría que ocurrir para que la niña comprendiera que sí es importante para sus padres?

Paciente: Que lo manifiesten, que se lo digan, que se lo muestren.

Terapeuta: ¿De qué forma? ¿Quién específicamente?

Paciente: Creo que de quien más lo necesita es de su madre.

Terapeuta: Ahora entra en segunda posición con tu madre. Mirando desde sus ojos, asociada completamente a ella.

[En estos momentos se produce un cambio fisiológico muy importante, la paciente se endereza y levantado la cabeza, de momento parece incluso que su tono de voz se hace más firme y su respiración más amplia.]

Terapeuta: ¿Cómo se llama usted?

Paciente: Alicia, soy la madre de Susana.

Terapeuta: ¿Conoce la situación y lo que le ocurre a su hija?

Paciente: Sí, está bien.

Terapeuta: Sin embargo, ella manifiesta que se siente abandonada, le falta atención especialmente de usted, de su madre.

Paciente: Eso no es así. Lo que ocurre es que la niña quiere que estemos con ella todo el tiempo y no comprende que debemos trabajar para sacar la casa adelante, son tiempos difíciles y tanto su padre como yo trabajamos.

[A partir del momento en que la paciente manifiesta las creencias limitantes y el origen de las mismas, lo que resta es ayudarle a realizar un reencuadre de la situación. Como quiera que este tipo de improntas es totalmente subjetivo, cualquier transformación o recodificación que se haga producirá cambios evidentes e importantes, pudiéndose ajustar posterior y progresivamente hasta la completa eliminación del trauma.]

La existencia de un hecho físico

Un caso muy distinto es cuando existe algún hecho físico –malos tratos, violaciones, accidentes, etcétera– como desencadenante del trauma, como en el primer ejemplo. Aquí, aunque la experiencia es objetiva, necesitamos recodificar la comprensión o la forma en que la procesa el sujeto.

Existen situaciones en las que la persona sufre un accidente y queda parapléjica, hundiéndose psicológicamente; aunque también hay personas que, con igual lesión funcional, readaptan su vida y aprenden alternativas de conducta, llegando incluso a convertirse en genios, como Stephen Hawking, o al menos en personas útiles y satisfechas, como Milton Erickson y otros muchos. Los hechos ya sucedieron y eso es inamovible, lo que sí podemos cambiar es la experiencia o comprensión que retomamos de los mismos.

Otra de las impresiones traumáticas más frecuentes y menos consideradas es el «primer día de clase». Cuando profundizamos en los orígenes de cierto tipo de traumas, en especial los relacionados con sentimientos de abandono, nos encontramos a menudo que tienen su origen en el impacto emocional del primer día de colegio. Se trata de una experiencia muy sutil que posteriormente –al poco tiempo– se racionaliza y se le resta importancia, cuando en realidad ha quedado impresa en el subconsciente de la persona, generando el primer eslabón de una cadena que arrastra hasta el presente. La investigación para llegar a la impronta es el modelo *reimpresión*, y el tratamiento consiste en el reencuadre y recodificación de la experiencia original.

El modelo psico-bio-hipnosis

Otro modo ciertamente novedoso de abordar los traumas desde el punto de vista de una terapia psico-biológica, es el modelo aportado por Rossi, la psico-bio-hipnosis. Con esta técnica el terapeuta no sólo se encargará de ayudar a su paciente a entrar en ese trance leve, sino que le ayudará a profundizarlo para que tenga acceso las memorias dependientes del estado amnésico, y puedan ser reencuadradas.

El doctor Rossi afirma que la demostración más evidente de cómo actúan las sustancias informativas en la psicoterapia y en la hipnoterapia está en la reacción catártica. Esta reacción puede dividirse en dos etapas. La primera es de excitación del sistema simpático, con las típicas reacciones emocionales de la catarsis emocional, y que puede durar desde algunos minutos a horas, aunque lo más común suelen ser unos 25 minutos (y que corresponde al flujo informativo asociado al estrés traumático). Una segunda fase, de relajación y sentimientos de comodidad en los cuales pueden llegar a la consciencia nuevos *insight*. La primera fase se relacionaría con la fase de actividad ultradiana y la segunda, con la de descanso.

A continuación, explicaremos con un poco más de detenimiento este procedimiento de terapia pisco-biológica, según los planteamientos de Rossi.

Definimos la psicoterapia psico-biológica como una forma de acceder y reencuadrar los procesos mente-cuerpo desestructurados y dependientes del estado en el que se codifican los problemas. Para llevar a cabo esta terapia Rossi y Cheek diseñaron un procedimiento en tres pasos:

1. Localización y contacto con el origen del problema.
2. Reencuadre terapéutico del problema.
3. Facilitación de la curación natural autónoma.

Analizaremos por separado cada uno de estos pasos:

Localización y contacto con el origen del problema

Aquí distinguimos dos formas básicas para alcanzar el objetivo. La primera, crear una situación de doble vínculo permisivo que permita activar niveles internos de resolución creativa en el paciente. El doble vínculo tiene la estructura hipnótica de ese sistema, en el que a través de la correspondiente orden (doble), haga lo que haga el consciente del sujeto obedecerá la orden inductora.

Un análisis lingüístico de esta estructura básica nos permite observar que estamos solicitando respuestas involuntarias más allá del control voluntario, y cualquiera sea la respuesta del paciente, ésta será involuntaria y por tanto hipnótica (un doble vínculo terapéutico). El efecto en este tipo de inducción es la debilitación de las estrategias conscientes de decisión, que lo conducirá a una búsqueda transderivacional interna, para acceder a la memorias del *estado problema*.

Otras formas innovadoras de crear esta situación de doble vínculo son las siguientes.

El facilitador levanta las manos colocándolas como si cogiera una pelota grande, separadas unos veinte centímetros y le pide al paciente que haga lo mismo. A continuación le sugiere:

> *«Si su inconsciente tiene alguna comprensión del origen y de la solución de esos conflictos o problemas, notará que sus manos comenzarán a juntarse completamente por sí mismas. De lo contrario, se dará cuenta de que éstas comienzan a separarse».*

Este modelo es muy sorprendente en sus efectos, ya que las manos comienzan a moverse libremente, ajenas a la voluntad del sujeto, con los movimientos ideo-motores hipnóticos característicos, lo que sorprende y confunde al paciente, franqueando fácilmente sus resistencias conscientes e introduciéndolo rápidamente en un profundo estado de trance.

Existen otras variantes de la técnica inductora de las manos, pero son algo más complicadas de explicar y manejar, por lo que remitimos al lector interesado a nuestros cursos de entrenamiento en esta modalidad terapéutica.

Ésta –como otras dinámicas de inducción bio-corporales– es una forma espectacular de tener acceso al origen del problema. Como el paciente focaliza su atención en sus sensaciones corporales, va entrando en un estado de trance y se facilita el flujo natural de sustancias informativas que están asociadas a los recuerdos y aprendizajes dependientes del *estado problema* que ha llegado a ser amnésico. En esta técnica, se combina el empeoramiento –aparente por su catarsis– con la disminución del síntoma, y el terapeuta necesita estar muy atento a las señales corporales del paciente (micro-conductas fisiológicas) que le indican si está teniendo contacto con información relevante para su proceso de cura. A medida que transcurre el tiempo, el paciente entrará en una o en varias fases de descanso ultradiano donde tomará –posiblemente– contacto con las situaciones amnésicas. Este procedimiento variará su duración, dependiendo de la severidad de las experiencias improntas.

Al practicar esta metodología, el terapeuta necesita estar preparado y dispuesto a realizar un *rapport* delicado, apoyando y acompañando a su paciente en todo momento sin distracciones de ningún tipo, especialmente cuando hay catarsis emocionales que se exteriorizan intensamente.

Es importante señalar aquí que en algunos casos el paciente presenta una catarsis con gran exteriorización emocional, pero no tiene imágenes o ideas resolutorias. Aquí debemos proceder con el paso siguiente, ya que nuestra experiencia indica que puede haber ganancia terapéutica no prevista y que es necesario salvaguardarla para restablecer el equilibrio.

Cuando obtienen señales ideomotoras, por ejemplo, las de las manos juntándose por sí mismas para manifestar la disposición a la comunicación, puede comprobarse la ganancia secundaria en el siguiente paso solicitando dichas señales.

Reencuadre terapéutico

Con este modelo se sugiere de forma permisiva que la mente inconsciente ayude a la persona a través de la mente creativa, a hacer los cambios necesarios para que ese problema se resuelva completamente, para descubrir nuevas alternativas de conducta, o para que no necesite más la sintomatología al hacer consciente la causa.

Aquí encontramos una importante característica del trabajo con PNL, tomado de Milton Erickson y divergente de la hipnosis y otros modelos tradicionales. El subconsciente o inconsciente, para la PNL, al igual que para Erickson, e incluso para el propio Carl G. Jung, tiene una connotación positiva. Para nosotros, el subconsciente es como un almacén de experiencias psicológicas y fisiológicas, que cada uno de nosotros ha adquirido por el simple hecho de vivir, y que pueden ser conscientes o no. Este depósito de experiencias podríamos concebirlo como un archivo de competencias inconscientes dependientes del estado –al que tenemos acceso en ciertos estados especiales de conciencia alterada, como el trance hipnótico–.

El *reencuadre* va más allá de la simple reprogramación del paciente. Implica una reorganización interna de la experiencia, una recodificación de los recuerdos y aprendizajes dependientes del *estado problema*. Es el propio sujeto quien encuentra en su almacén mental los códigos y estrategias más idóneos para la situación y capacidad del momento. Los recursos para el cambio están dormidos dentro del paciente, por lo cual no necesitamos enseñarle nada nuevo.

El trabajo realizado por el propio individuo suele ser suficiente para facilitar esta reorganización interna, aunque en alguna rara ocasión necesite de más ayuda para que esos recursos se activen y despierten, y también para comprender conscientemente –aunque esto sea muy secundario– esos recuerdos traumáticos a los que tuvo acceso. El terapeuta entrenado en PNL utilizará para tales fines fórmulas basadas en el lenguaje ericksoniano o sugestiones indirectas.

Facilitación de la curación natural autónoma

Esta fase se corresponde con la conclusión de cualquier trabajo neurolingüístico e hipnótico, en la cual se procura establecer un vínculo con el *estado deseado* y los efectos, similar a las sugestiones post-hipnóticas, de modo que el trabajo continúe mas allá de la sesión.

Cura rápida de traumas y fobias

Además de los sistemas y pautas referenciadas para resolver los conflictos generados por traumas, disponemos del modelo clásico «Cura rápida de traumas y fobias», cuyo uso ha dado y sigue dando excelentes resultados. Particularmente, lo recomendamos en todos aquellos casos en los que el hecho decisivo de la impronta esté consciente en el sujeto.

No olvidemos que la clave del éxito del uso de este modelo está en conseguir una permanente disociación durante la fase de proyección del trauma.

Las indicaciones postécnicas

En PNL se acostumbra a finalizar el trabajo con un *puente al futuro*, donde el sujeto se asocia a la experiencia del tiempo al que se traslada, reconoce sensorialmente los cambios que en él se han producido o se realizan. También es posible facilitar mensajes posteriores a la hipnosis del tipo:

> *«Cuando tu mente consciente y tu mente subconsciente sepan que pueden continuar con esa curación natural interna, te encontrarás sintiéndote revivificado, recuperándote y activo». «Por la noche cuando duermas, tu organismo dirigido por tu mente subconsciente procederá a realizar aquellas transformaciones que estime necesarias para tu progresivo restablecimiento».*

O cualquier otro de final abierto con sugerencias similares.

En la segunda frase directiva mencionada más arriba, conjugamos la orden hipnótica con la teoría de los ritmos ultradianos de Rossi. Al sugerir trabajo interno en sueños, estamos asociando el trabajo interno sanador al subconsciente, que actúa y puede resolver problemas durante la fase de actividad onírica. Es importante señalar que la actividad orgánica nocturna también presenta ritmos ultradianos.

Las indicaciones postécnicas, ya sean de *puente al futuro* o sugerencias hipnóticas derivadas, operan –o al menos así ha experimentado– en las fases «valle» de los ritmos ultradianos. En esos tiempos la mente puede crear nuevos niveles de significado y comprensión de nuestras experiencias, de forma totalmente autónoma. Por otra parte, tales fases corresponden a la diaria actividad de «rejuvenecimiento celular» e intensa actividad hormonal regenerativa, asociadas a respuestas sanadoras naturales.

Así pues, en la amplia gama de traumas que podemos encontrar, para resolverlo, el profesional de la PNL aplicará el modelo que mejor se adapte a la situación del individuo. No olvidemos que lo más importante en la terapia es el paciente, y de nuestro conocimiento de las técnicas, de la habilidad en el manejo y experiencia, dependerán el éxito y la salud de nuestros pacientes.

Capítulo 7

Miedos, fobias y alergias

El lector ya habrá visto que el *sentido común* y los aportes de la tradición gestáltica, ericksoniana y jungiana impregnan el enfoque terapéutico de la PNL, la cual es eminentemente intra-psíquico-corporal; y que –a diferencia de la psicología tradicional– está exento de interpretaciones del terapeuta, al mismo tiempo que hay una confianza básica en los procesos curativos del inconsciente del paciente.

Por nuestra parte –y siempre modestamente– invitamos a los próceres a revisar la psicología profunda, y a mirarla desde una perspectiva distinta.

Sugerimos un enfoque terapéutico que al mismo tiempo que aporte un soporte científico a la sanación mente-cuerpo dé a la psicología «oficial» una nueva visión para el tratamiento de trastornos conductuales y problemas psicológicos que no son abordables desde otras perspectivas o que con la psicoterapia tradicional requieren mucho tiempo.

El enfoque psico-biológico abre un amplio campo para la investigación clínica y experimental, y está esperando a los investigadores que quieran profundizar en la materia. Puede ser una interesante experiencia tanto para terapeutas como para pacientes probar dichos procedimientos.

La capacidad de observar

Como ya hemos dicho, una de las prácticas imprescindibles en terapia es la calibración, o lo que es lo mismo, la observación cuidadosa de las «señales mínimas» de nuestros pacientes para advertir cualquier cambio fisiológico que, como sabemos, equivale a otra transformación de tipo psicológico y, además, ser conscientes de los que Erickson y Rossi llaman: «trance nuestro de cada día», para usarlo terapéuticamente.

En estos momentos de trabajo interior o reflexión profunda es cuando conviene aplicar las técnicas, incluso en ocasiones, después de realizar el trabajo, no es necesario hablar al paciente, tan sólo esperar a que regrese espontáneamente al estado vigilia, pues la fase de descanso ultradiano no dura más allá de 20 minutos. Es posible que el paciente traiga consigo comprensiones útiles o importantes respecto de su problema y que su cuerpo-mente le ha brindado.

El trabajo de Erickson, por ejemplo, no consistía en la manipulación hábil de las personas, sino en su aguda capacidad de observación. Podríamos agregar que quizás esa es la habilidad que ha caracterizado a todos los grandes terapeutas de nuestro tiempo.

La estructura alternante

Si recordamos la teoría de los atractores, lo que hace el tratamiento es modificar la estructura de la onda y permitir que actúe el «atractor», ayudando a que se produzca un desplazamiento hacia el nuevo estado. En el ascenso al punto álgido –o cresta de la curva– no hay permanencia, una pequeña mejoría no se mantiene si no continúa avanzando hasta la cumbre y de ésta al fondo del valle donde se sitúa el «atractor» de la salud.

La *estructura alternante* o «panorama atractor» (conjunto de valles y crestas que dan forma a la curva del estado personal que se representa en los gráficos) es como la historia personal, una especie de cuadro de nuestra vida, de estrategias limitantes, de traumas, y de las pautas de comportamiento en general.

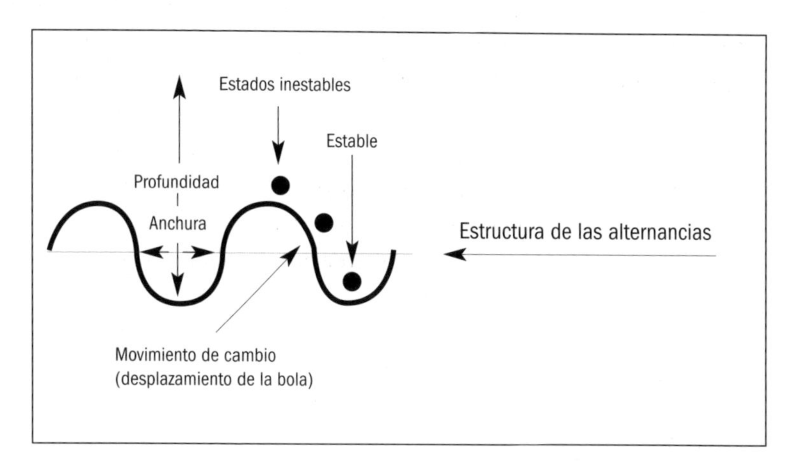

Modificar la estructura alternante

Este panorama no es inmóvil, puede ser modificado mediante las técnicas adecuadas. La *reimpresión*, el *cambio de historia personal*, el *reencuadre*, la *cura de traumas* pueden ser modelos valiosos, atendiendo siempre a las circunstancias personales en cada caso.

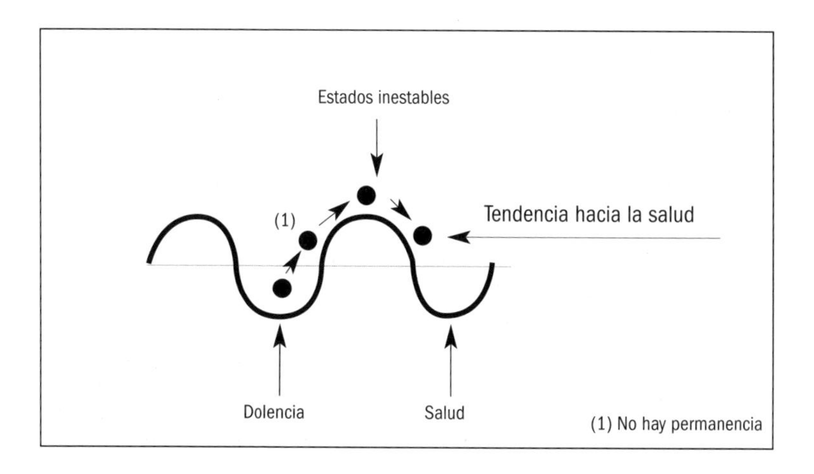

Al modificar la *estructura alternante* lo que hacemos es construir una secuencia subjetiva de experiencias: un nuevo panorama en el que las crestas y los valles pueden tener la altura o profundidad que convenga.

Pensemos que el síntoma manifestado por el sujeto no es la estructura, sino una pequeña parte de ella, el resto son las causas primeras, tal y como se encuentran codificadas.

Dentro del área sistémica de la terapia de PNL consideramos cuatro formas de cambios posibles y que, a su vez, dependen del tipo de *estructura alternante*, según se haya constituido sistémicamente.

Los sistemas pueden ser simples o complejos, estables o inestables; combinándose entre sí y proporcionando, de este manera, cuatro grupos organizados. Las variables son:

1. **Simple y estable.** El caso de las fobias permanentes, traumas y ciertos tipos de miedo.
2. **Simple e inestable.** Como fobias alternantes que no siempre se muestran o cuya intensidad no es alta; las alergias no estacionarias también entrarían dentro de este grupo.
3. **Complejo e inestable.** Diversas modalidades de cáncer.
4. **Complejo y estable.** Tumores estables, enfermedades y dolencias estacionarias.

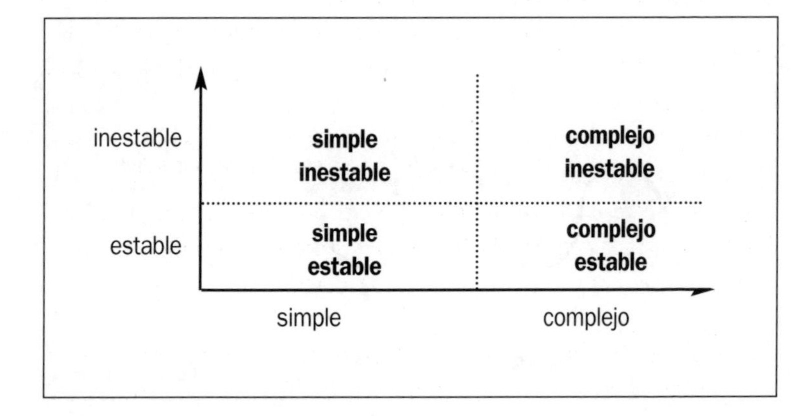

Los tratamientos

Para cada uno de estos sistemas se requiere un grupo específico de tratamientos que pueden ser de carácter remediativo, generativo o evolutivo en función de la naturaleza y grado del conflicto.

Cuando intervenimos sobre un síntoma –tratamiento remediativo– y no funciona o vuelve a manifestarse más tarde, lo que nos interesa es modificar la *estructura alternante* –tratamiento generativo–, ya que si ésta no cambia, la recurrencia será inevitable por muchas técnicas remediativas que apliquemos.

Uno de los modelos utilizados para modificar los «panoramas atractores» consiste en subir el nivel neurológico en el que se encuentra el conflicto. Por ejemplo, detectamos en un paciente que todos sus miedos están basados en las creencias que maneja. Una vez tratado, el sujeto reincide en sus anteriores creencias, por lo que resulta obvio que –si queremos resolver la situación– debemos actuar en el nivel de identidad. En este caso, la estructura de su identidad en el *estado presente* es tan rígida e inflexible, que no le permite cambiar aquello que la sustenta. Por lo tanto, el tratamiento ha de estar enfocado a la evolución de la identidad, de modo que el sujeto amplíe su comprensión y permita por sí mismo nuevas y valiosas creencias en sustitución de las limitantes.

Los sistemas simples y la cura rápida de fobias y traumas

Cuando nos referimos a los sistemas simples, ya sean estables o inestables, uno de los modelos de mayor eficacia es el muy experimentado de la «Cura rápida de fobias y traumas». No nos extenderemos explicando esta técnica, ya que está publicada en casi todos los manuales que se escriben de PNL, considerada como el modelo clásico por excelencia. Sin embargo, sí que nos gustaría hacer una serie de recomendaciones prácticas para la eficaz aplicación del modelo en cuestión.

1. Una de las claves que debe tenerse en cuenta para que el modelo funcione es que el sujeto se disocie doblemente de

la experiencia que va a neutralizar, por lo que es importantísimo que se vea tanto en la proyección como en la butaca.
2. Para que la disociación sea operativa ha de mantenerse la distancia entre el sujeto y la pantalla durante todo el tiempo que observe la visión de la experiencia a neutralizar. Si nos cuesta o nos asociamos fácilmente, debemos llevarlo a una triple o cuádruple disociación: techo de la sala, edificio de enfrente, subido en un helicóptero, etcétera.
3. Si existe algún tipo de resistencia para visualizar la proyección como una película, se puede hacer como si fueran diapositivas o fotos encadenadas. Se debe repetir el proceso varias veces hasta que ser capaz de ver la película de los hechos a neutralizar.
4. Al finalizar es muy importante calibrar las respuestas no verbales mientras el sujeto contempla de nuevo la proyección, pero esta vez desde la butaca inicial. También es conveniente realizar un *puente al futuro*, elaborando una respuesta como si todo se hubiese resuelto satisfactoriamente.

El miedo

Por su parte, el miedo tiene que ver fundamentalmente con las proyecciones que hacemos del futuro.

Es posible que se relacione o que se fundamente en experiencias anteriores y que, sin llegar a ser un trauma propiamente dicho, provocan en el sujeto un fuerte bloqueo y, en ocasiones, incluso una paralización. Sin embargo, se diferencian dos tipos de miedo: el reactivo –relativo a nuestra supervivencia– y el mental –que tiene lugar a partir de nuestros pensamientos–.

«El miedo llamó a la puerta, la fe le abrió, y no había nada.»
IBN-EL-ARABI

El miedo reactivo es natural y necesario: todo ser humano posee un sistema de control de situaciones peligrosas que le avisa con la emoción del miedo, el temor a que pueda ocurrir un riesgo inminente. El miedo mental es una patología que hace ver monstruos donde sólo hay calabazas.

El miedo es innato al hombre y lo encontramos unido a los distintos procesos patológicos; por eso es de suma importancia que el terapeuta se esfuerce en calmar dicho estado, que habitualmente acompaña a muchos pacientes cuando se presentan en la consulta.

1. Como primera medida es necesario transmitir a nuestros pacientes un sentimiento de seguridad y confianza, estados que bien podemos infundir al mismo tiempo que establecemos el *rapport*.
2. Como segunda medida, generaremos *esperanza* en el paciente para su recuperación, a la vez que *paciencia* para captar los efectos del tratamiento que le apliquemos.
3. Como tercera medida, le facilitaremos el aprendizaje de técnicas que le ayuden a cambiar su foco de atención en el problema, hacia otros aspectos de la vida y de la salud.

El caso de Elena

Un caso muy especial fue el de Elena, quien tenía miedo a matar a su marido con un cuchillo. No existía ningún tipo de conflicto entre la pareja que pudiese provocar tal tendencia, sin embargo, la mujer no dejaba de pensar ni un instante en tal posibilidad. Este miedo se acentuaba durante la noche, cuando se acostaba, pues temía levantarse sonámbula y acuchillarlo. Descartada cualquier anomalía neurológica o psiquiátrica seria, así como antecedentes familiares, todo sucedía en su obsesivo diálogo interno.

A la joven Elena, con un nivel cultural muy bajo frente al de su esposo, le atraían las películas de terror, no tenía hijos, no le gustaba leer, ni tenía ningún tipo de afición, la mayor parte del día lo pasaba sola en casa, y únicamente se ocupaba del cuidado del pequeño apartamento en el que vivían. Elementos más que suficientes para que durante todo el día no dejase de darle vueltas a estos pensamientos. El diálogo interno que mantenía era una creciente espiral, y como necesitaba «llamar la atención» –en especial del esposo– de alguna manera, no encontró otra forma –generada inconscientemente– que la de los cuchillos.

La solución pasó por generar valores y metas a corto y medio plazo en los cuales comprometerse y ocuparse objetivamente. De tal modo que su foco de atención comenzó a dirigirse hacia actividades concretas y específicas. Actividades, por otro lado, que seguían manteniendo –en un principio– la intención oculta de «llamar la atención».

Patrón de primera y segunda mano

Muchas veces la solución de un problema es cambiar el foco de atención: si nos concentramos en algo exageramos su importancia y, frente al mínimo síntoma, creemos que el mundo se viene abajo. Esto ocurre en la mayoría de los casos con las alergias, los rechazos compulsivos y los miedos.

En cierta ocasión, un estomatólogo amigo de Robert Dilts le pidió consejo para resolver los casos de «terror» que se le presentaban en la consulta. Los pacientes entraban en estados de «pánico» ante la posibilidad de ser intervenidos por el dentista. A tal efecto, Dilts diseñó un modelo de intervención rápida que denominó «patrón de primer y segundo plano». Se trata de una técnica muy sencilla que modifica el foco de atención del sujeto, llevándolo a otro tipo de conciencia que hasta ese momento se encuentra ausente.

Cuando una persona fija su conciencia en ciertas sensaciones, éstas se acrecientan, a la vez que pierde la noción de otras muchas cosas y sensaciones que ocurren en su interior, pero que están por debajo del nivel de conciencia; es decir, permanecen inconscientes. El modelo en cuestión lo único que hace es traer a la conciencia de vigila aquello que permanecía subconsciente, llevando a la inconsciencia aquello otro de lo que el sujeto era consciente.

Utilizando el «patrón de primer y segundo plano» se pueden tratar con gran éxito aquellos estados que tengan respuestas automáticas negativas o limitantes frente a situaciones adversas (exámenes, visitas al dentista, entrevistas de trabajo, comparecencias judiciales, etcétera) o respuestas orgánicas incontrolables (alergias, alteraciones gástricas o intestinales, somatizaciones, etcétera).

Pasos de aplicación

Veamos a continuación la estructura del modelo y los pasos para su aplicación:

1. Se debe pedir al paciente que identifique una respuesta automática limitadora en un contexto que sea identificable y bien definido. Seguidamente, le indicamos que se asocie a una de las experiencias típicas generadoras de esa conducta para calibrar los cambios fisiológicos que muestra. Por ejemplo: ansiedad anticipada a la hora de ir a un examen.

- Identificamos todo lo que está en primer plano en la atención del sujeto, es decir, cuáles son los elementos de la experiencia limitante que más llaman la atención a la persona. Por ejemplo: zumbido en los oídos, fuertes latidos del corazón, tensión en la mandíbula, etcétera.
- Identificamos algunas de las situaciones que están en segundo plano, es decir, los elementos que no llaman la atención del sujeto y que no influyen en la experiencia. Por ejemplo: sentir la planta del pie, el codo, la punta de la nariz, el lóbulo de la oreja, por ejemplo.

2. Hacemos que el sujeto identifique un ejemplo contrario a la respuesta, una experiencia donde la respuesta limitante debería presentarse y no lo hizo. Si no encuentra un contra-ejemplo de la respuesta, le pedimos entonces que localice una experiencia lo más cercana posible (similar), pero sin que se presente la respuesta limitante. A continuación, debe asociarse con la experiencia. Por ejemplo: cuando fue a realizar una entrevista de trabajo y transcurrió relajada y cómodamente.

- Identificamos los elementos de su experiencia que más le llaman la atención al sujeto (primer plano). Mientras él toma conciencia de esos elementos, instalamos un ancla. Por ejemplo: una voz interna característica, imagen disociada del espacio, de la mesa, etcétera.
- Identificamos los elementos que son comunes al segundo plano en las dos experiencias (la limitadora y la normal) y si no hay suficientes, hacemos que los identifique como tales. Por ejemplo: la planta de los pies, el codo, la punta de la nariz, el lóbulo de la oreja, etcétera.

3. Construimos una fuerte asociación entre los elementos comunes del segundo plano y los elementos del primer plano del ejemplo contrario. Esto se puede hacer centrando la atención del sujeto en los elementos del segundo plano y dis-

parando el ancla o mediante la sugestión. Por ejemplo, podemos indicar:

> *«Cuanto más centras tu atención en la planta de tus pies, tanto más notarás cómo percibes tus codos y más notarás la temperatura de la punta de tu nariz, y es más fácil ver la imagen disociada de la sala».*

4. Debemos conseguir que el sujeto vuelva a la experiencia limitante y centre la atención en los puntos comunes identificados en el segundo paso del ítem 2, y activamos el ancla. Por ejemplo, le diremos:

   > *«Recrea aquella experiencia sentado en la sala de espera del examen y centra tu atención en la planta de tus pies, en la temperatura de tu nariz, etcétera».*

   Si esto no cambia la respuesta limitante, se puede:

   - Identificar un ejemplo contrario más poderoso o adecuado y repetir el proceso a partir del primer paso del ítem 2.
   - Volver al segundo paso del ítem 2 y reforzar las asociaciones entre los puntos comunes del segundo plano y los elementos del primer plano en el ejemplo contrario.

5. Chequeo final: ahora debemos pedir al sujeto que centre su atención en los elementos del primer plano de la experiencia limitadora identificada en el primer paso del ítem 1, así:

   > *«Ponte de nuevo en la sala de exámenes y centra tu atención en los latidos de tu corazón y en la tensión muscular».*

6. Puente al futuro para identificar todos los elementos de las posibilidades (como si...) y tener la certeza de que el proceso ha funcionado.

Capítulo 8

Conflictos de pareja

En las relaciones de pareja existe una clase de comunicación muy especial que se denomina *valoraciones conductuales complejas*, y que difiere sustancialmente de cualquier otra dinámica interactiva. Por este motivo, el abordaje terapéutico ha de ser cuidadosamente estructurado, atendiendo a sus sensibles diferencias respecto de la comunicación en general.

Al referirnos a *valoración* aludimos a esos significados que cualquier persona atribuye a una *conducta* particular de otro; el calificativo de *complejas* se refiere a que pertenecen a un sistema complejo en el que dos elementos se encuentran interconectados e interdependientes. Por último, son *conductuales* porque son observables y –en la mayoría de los casos– generadoras de la dinámica comunicativa.

Este tipo de *valoraciones conductuales complejas*, generadoras a su vez de emociones, son las causantes de lo que conocemos como *conflictos de pareja*.

La comunicación

Toda conducta ajena –y también propia– tiene un significado subjetivo para cada individuo, por lo que al observarlas jamás las cuestionamos sino que damos por sentado su valor y respondemos automáticamente a ella. Sin embargo, cada individuo puede asignar un significado diferente a una misma conducta observada. Por supuesto, tales significados están en línea con los valores o criterios que posee el sujeto que realiza dicha validación.

Cuando los mensajes que se cruzan entre dos individuos y que son transmitidos por los diferentes canales de expresión (postura corporal, movimientos, tono de voz, respiración, palabras) no forman un bloque coherente y armónico decimos que existe incomunicación.

Para que exista una buena comunicación o relación en una pareja es necesario que ambas partes compartan una serie de elementos, cada uno de ellos integrados en los diferentes niveles lógicos.

Al margen del elemento común de ambiente compartido, el siguiente punto a conectar es el de las conductas –y éstas han de ser necesariamente congruentes en la pareja– por lo que es tan complicado debido a la valoración conductual compleja que enmarca la relación.

En el nivel de capacidades, es necesario que la pareja comparta estados internos y emociones, o al menos que los conozca, comprenda y acepte. Más allá, las creencias han de ajustarse a las necesidades de cada fase y abrirse a nuevas dimensiones de la experiencia. Es curioso observar en las parejas formadas por personas de religiones y culturas diferentes cómo se van ajustando e integrando sus sistemas de creencias, hasta llegar a un grado de flexibilidad y comprensión difícilmente equiparable al de una pareja de la misma cultura.

El siguiente estadio lógico requiere una profundización mayor, puesto que es el que normalmente puede producir los distanciamientos más profundos como veremos más adelante. Es preciso tener en cuenta que la identidad de la persona se sustenta sobre los valores y las creencias, y los primeros marcan el sentido de la vida. Si los miembros de la pareja no coinciden en sus aspiraciones y objetivos a largo plazo, la separación –física o mental– está asegurada.

Congruencia

Por todo lo expuesto hasta ahora en este apartado se hace necesaria una total y absoluta congruencia expresiva y psicológica entre los miembros de la pareja, ya que sin ella se irán generando grietas profundas entre ambos miembros, que serán muy difíciles resolver –si es que se consigue–.

Definimos *congruencia* como la comunicación en la que todos los canales de expresión transmiten el mismo mensaje o mensajes compatibles. Por el contrario, *incongruencia* sería la comunicación de una persona en la cual sus diferentes canales de expresión presentan grupos de mensajes no compatibles.

Según los trabajos de Bateson y Russell, la transmisión de un mensaje entre seres humanos se compone de contenido (también llamado *digital*) y relación –conocida como *analógica*–.

Grinder y Bandler hilan más fino al afirmar que la comunicación es igual a la suma de todos los mensajes que un individuo transmite por cada uno de los canales que utiliza en una situación determinada.

En una afirmación como: «*Hago todo lo que puedo para no enfadarme. La quiero tanto...*», llamaremos a esta parte de contenido: A.

Mientras el sujeto emite esa frase muestra una parte analógica o relacional (que llamaremos B) compuesto de las siguientes características:

- **a.** Cuerpo tenso y rígido.
- **b.** Respiración irregular.
- **c.** Mano izquierda extendida, el índice apuntando al frente.
- **d.** La mano derecha cerrada y apoyada en el regazo.
- **e.** Voz áspera, entrecortada y chillona.
- **f.** Ritmo rápido del habla.

Por lo tanto, la comunicación manifiesta sería:

Comunicación = A + B = A + (a + b + c + d...)

Se entiende que existe congruencia cuando todos los metamensajes (a, b, c, d...) están completamente de acuerdo y encajan entre sí con coherencia. Cuando éstos son desarmónicos o chocan entre sí (la comunicación incongruente) son señal de inconsistencia o de conflictos. Cuando un individuo –o una pareja– tiene partes en conflicto, ninguna de las partes tiene éxito en conseguir lo que quiere, sino que intentan sabotearse la una a la otra. Esto evidencia que las personas tienen dos o más mapas incompatibles, incluso el conflicto puede estar vinculado a los significados que el sujeto da a las conductas de la otra persona. Las partes en conflicto adoptan la forma de dos generalizaciones contradictorias, mapas diferentes que se aplican a una misma área de comportamiento. Estas partes en conflicto pueden expresarse en modalidades del sistema representacional diferentes, mantenerse en posiciones perceptivas distintas o en creencias y valores antagónicos.

¿Por qué surgen problemas en una pareja?

Toda relación de pareja pasa por una serie de etapas en su desarrollo y maduración, estas fases han de cubrirse correctamente, es una ley y se manifiesta en cualquier ámbito de la vida, así como ocurre en la naturaleza.

Si dos personas –o una de ellas– no permiten que cada episodio se lleve a efecto en la forma y momento correctos, resultará inevitable que la relación sucumba o se degrade de manera inevitable. Incluso habiendo cubierto ciertas etapas de forma adecuada, se alcanza un punto –lo que llamamos *umbral de la relación*– en el que es necesario reformular los planteamientos iniciales de la pareja, actualizarlos y adecuarlos a la nueva fase de la vida.

No es igual una relación sin hijos que con hijos; no es lo mismo que los niños sean pequeños a que sean independientes; también es diferente que los miembros de la pareja sean jóvenes, de edad mediana o estén jubilados, que tengan compromisos sociales o transpersonales o que no, que pertenezcan a una iglesia y que estén comprometidos con ella o no. Cada época de la vida y cada circunstancia requiere un reencuadre de la situación, teniendo siempre presentes el lugar, el momento y las personas.

Por lo tanto, es fundamental en el tratamiento de estos problemas, atender a la fase por la que atraviesa la pareja; si ha llegado o no al umbral de relación, cuáles características sociales y personales presentan los miembros, qué circunstancias exógenas les afectan, cuáles son sus inquietudes y preocupaciones.

Las fases en cualquier relación son las que el propio sentido común determina, y basta con observar nuestro entorno para comprobar su existencia y orden. Incluso la propia etapa del umbral de relación es visible y calibrable. Ese umbral de relación tiene un patrón intercalado entre las fases de cualquier relación. Ellos son:

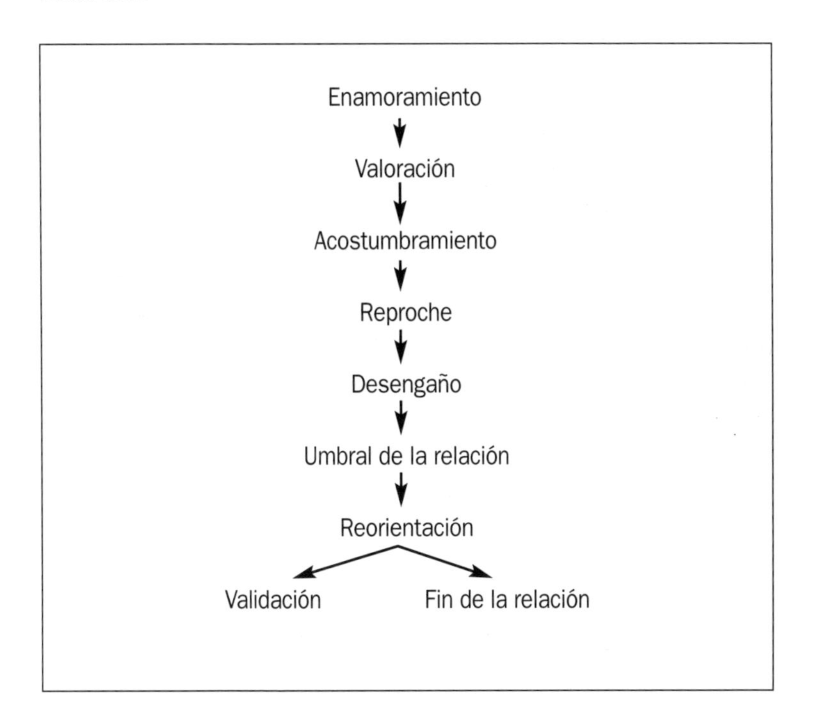

Enamoramiento

Es la fase del «flechazo» donde la actitud global de la otra persona resulta atractiva en su conjunto y donde muy pocas cosas de las que hace nos resultan molestas, y aunque lo sea la molestia dura muy poco tiempo. Todo lo que percibimos es filtrado por la subjetividad del momento, y satisfacen la valoración conductual compleja por exigente que ésta sea.

Valoración

Segundo peldaño del proceso de desarrollo de una relación. Una vez superada la etapa anterior y si aún existe la necesaria atracción, pasa al estadio en el cual la pareja comienza a consolidarse como tal. El valor que se le ha dado a la otra persona es alto, y permite que se establezca una relación estable en la que se acaba conviviendo –en la mayoría de los casos–. Aquí, cada uno de los sujetos se siente querido y sabe qué quiere, gustan de su compañía y organizan proyectos comunes.

Esta etapa no tiene una duración definida, aunque podría prolongarse, siempre y cuando la pareja llegue a los extremos de compartir hasta sus más íntimos secretos y a manifestar sus *valores conductuales complejos*; ya que de lo contrario se pasa inmediatamente a la siguiente fase.

Si la pareja quiere prolongar al máximo la fase de valoración, las personas han de conocer los deseos y necesidades de la otra parte, así como las expectativas que guardan de la relación y también ser capaces de pedir y aceptar los cambios de aquellas conductas específicas que vulneran las expectativas del otro.

Costumbre

Inevitablemente, con el tiempo se llega a un estadio de *costumbre* que muchas personas identifican con el aburrimiento en la relación.

Ya se ha acostumbrado uno a los aspectos positivos de la relación y no reconoce su valor, por lo que requiere una actualización y remotivación. La pareja comparte su vida y sus valores, pero requiere algo nuevo para reanimar la cotidianidad y evitar de ese modo que surja la desilusión.

Reproche

Cuando la costumbre se instala negativamente en la relación, entra en el período de *reproche*. Éste puede ser manifiesto y reprimido, en función de que se verbalice o quede interiorizado por ambas partes. Ahora, lo que antes eran acciones realizadas por placer se han convertido en situaciones de deber, frente a las que se rebela el individuo.

Ya no apetece hacer aquello que satisfacía a la otra persona, y al no recibir tales «favores» –la otra parte– provoca el rechazo interno y los reproches respecto a la carencia de colaboración, cariño, atención, detalles, regalos, etcétera. Es el preludio inequívoco de la desilusión.

Desengaño

En la situación de *desengaño*, prácticamente todo lo que se ve en el otro miembro de la pareja son sus aspectos negativos. Las conductas deficientes o las negativas son vistas ahora con lupa de aumento y generalizadas. Las palabras hirientes, el cinismo, las quejas, acusaciones e, incluso, los insultos y las agresiones muestran su peor cara. Ya se plantea, aunque sea en pensamiento sin verbalizar, el deseo o la necesidad de ruptura y separación definitiva.

Umbral de la relación

Se ha llegado al *umbral de la relación*, al punto crítico del que no se puede pasar sin una *reorientación* de la relación.

Las etapas señaladas son naturales y se han de pasar, aunque hay quienes al llegar al *umbral* deciden no reorientar la relación y la terminan. También conviene saber que no existen tiempos estándar para el cumplimiento de cada fase, que pueden ser más o menos largas, durar años o meses: no existe dimensión temporal establecida para cada una de ellas.

Ajuste de valores

Cuando una pareja llega a la fase crítica, no es capaz de resolverla por sí misma y acude al terapeuta, es cuando puede empezar el tratamiento. En estos casos, proponemos hacer un ajuste de valores, del sentido de la vida, de los objetivos comunes y de las expectativas a largo plazo.

Los valores compartidos representan uno de los vínculos más poderosos en una relación de pareja. Si tenemos en cuenta que la mujer y el hombre se desarrollan física y mentalmente en tiempos distintos, no es de extrañar que sus valores se distancien en determinada época de la vida conyugal. Los valores son –como los definimos en PNL– generalizaciones y nominaciones acerca de aquello con lo que estamos dispuestos a relacionarnos o conseguir y, por lo tanto, nos acercan o alejan de ello. Son lo que dan sentido a la vida. En este caso afirmamos la relación de ciertas cualidades con las tendencias de la vida.

Valorar algo equivale a reconocer nuestra capacidad de promover objetivos o propósitos de la existencia en su contexto sistémico y no en otro. Los definimos como las cualidades que le dan forma a nuestra vida y son percibidas y expresadas por y con el corazón y no con la razón.

Conocer e identificar la escala de nuestros valores nos permite ser conscientes y, por lo tanto, poder modificar si es necesario, la impronta que estamos marcándole a nuestra vida.

Los antivalores

Otro de los aspectos de máxima importancia a la hora de reconocer nuestros valores, es la posible identificación de antivalores, que son contrarios a la vida. Nos referimos a las manifestaciones concretas del mal, y éstas no son otra cosa que la oposición a la vida.

Si un valor positivo nos conduce al crecimiento, al desarrollo, y en definitiva a la vida; y antivalor –o valor negativo– es todo lo contrario: un freno, un impedimento, en definitiva, un elemento de interrupción de la vida.

Así pues, en la medida en que nuestros valores sean más elevados, ocupen un rango más alto dentro de los propios niveles lógicos, nuestra vida será más rica, más plena, más holística y más integradora.

Clasificación de valores

Los valores pueden estar adscritos a cualquiera de los niveles lógicos, desde valores ambientales a valores de nivel espiritual. En este último estarían, por ejemplo: la alegría, la paz, el amor, la unidad, la armonía, la verdad, la belleza, la bondad, la gratitud y en general, la integración de las cualidades esenciales de Dios. El alimento corporal que ingerimos se transforma en parte nuestra, orgánica y material; el alimento mental potencia el desarrollo de nuestra mente y sus facultades, y lo mismo ocurre con el alimento espiritual que recibimos, que nos transforma en elemento de igual naturaleza.

Recordemos que al elevar nuestros valores producimos un alineamiento automático de todos los niveles inferiores y, por lo tanto, mejoramos todos los planos, las creencias, las capacidades y las emociones, las conductas y las relaciones.

Una vez reconocidos y clasificados nuestros valores, éstos pertenecen al hemisferio derecho, podríamos querer incluir y sustituir alguno de ellos; en este caso utilizaremos el mismo método que para la inclusión de creencias.

Si lo que se nos presenta es un conflicto de valores, es decir, que ciertos valores de los que manifiestan los sujetos en tratamiento son contradictorios o se encuentran enfrentados por su naturaleza contraria –sexo y castidad, fiesta y sobriedad, independencia y pareja, etcétera–, podemos usar el siguiente modelo que nos permite –si la pareja quiere– restablecer el equilibrio entre ambos.

Recordemos que los valores (los armonizados y los que están en conflicto), inciden profundamente en los estados de salud y enfermedad, no solamente en el mantenimiento de una relación sana.

Resolución de conflicto de valores en la pareja

Esta técnica identifica los valores en conflicto que tiene la pareja. Calibra los rasgos fisiológicos que aparecen cuando son verbalizados por cada uno de los miembros de la pareja. Reconoce de cada valor todos los elementos del sistema representacional, lo que se imaginan o ven internamente, lo que oyen internamente o se dicen, las sensaciones que les producen.

Debemos pedirles, que identifiquen por turnos su valor con experiencias concretas que contengan dicho valor. Que recuerden todo lo relacionado con él (visión, audición y kinestesia) y que adopten la postura que les sea más cómoda en relación con ese valor y, finalmente, la anclen.

A continuación, debemos indicarles que intercambien sus posiciones y que se asocien a la segunda posición, experimentando el valor vivido por su pareja; adoptando una postura similar a la que tenía el otro cuando estaba ahí. Cuando se calibra que están cada uno de ellos plenamente asociados a la experiencia, debemos anclarlos de nuevo en otro punto. Desde ese lugar deben observarse a sí mismos en su primera posición, y hablar de cómo se ven.

Ahora, desde cada una de las posiciones, observarán a la contraria y explicarán lo que ven de ella. Puede que sólo observen cosas negativas, pero lo importante es que atiendan a lo que no les gusta de la otra persona.

Debemos descubrir, a continuación, la intención positiva y el propósito de cada una de ellas. Nos aseguraremos de que cada parte reconoce y acepta que las dos tienen y quieren cosas positivas para sí. Por ello hace falta buscar un nivel superior de intención de cada una de las partes. Los sujetos han de tomar conciencia de que el conflicto está impidiendo la realización de buena parte de esas intenciones positivas en ambos.

Para descubrir esa intención superior debemos preguntarles a cada uno el fin que persigue. La pregunta es: «*¿Para qué quieres ese valor o intención?*», y a continuación de la respuesta preguntamos de nuevo «¿*Y eso para qué?*». Y así sucesivamente, hasta que aparezca una meta-intención que las dos partes –con total seguridad– comparten.

Seguidamente les indicaremos a cada miembro de la pareja que mire al otro y describa los recursos que hay en él para alcanzar el objetivo común (meta-intención).

Le preguntaremos a cada uno por separado si está dispuesto a compartir sus recursos con la otra persona para alcanzar el bien común. Debemos asegurarnos de que existe congruencia en este acuerdo y decisión clara.

Cada uno debe volver a su posición inicial, revivir la comprensión anterior y recordar los compromisos alcanzados. Debemos hacerle una fusión de anclas a cada uno de ellos con las anclas que instalamos. Después, la pareja debe fundirse en un abrazo como si fueran dos partes que se unen y forman un *puente al futuro*.

Si existe alguna resistencia o anomalía ecológica, debemos profundizar en las intenciones de cada uno, tal vez aparezcan agendas ocultas que sería necesario resolver para que el equilibrio y la armonía fuesen completos.

Las posiciones perceptivas

No conviene olvidar que muchos de los problemas que surgen entre las parejas en las fases de *valoración* y *desengaño* –previas al *umbral*– tienen mucho que ver con el apalancamiento e inflexibilidad de cada una de las partes en mantenerse en sus respectivas posiciones perceptivas. En un sistema –como indiscutiblemente son las relaciones interpersonales– una de las formas de mayor utilidad y resultado para analizar la respuesta, las codificaciones, redundancias y, en definitiva, cualquier tipo de anomalía o agresión entre los elementos del sistema, es el análisis que en PNL hacemos a partir de lo que conocemos como *posiciones perceptivas*.

Las posiciones perceptivas o perspectivas mentales son las diferentes formas de analizar, experimentar o vivir cualquier experiencia presente, recuerdo del pasado o proyecto futuro. Se trata de la opción que cada ser humano tiene para situarse en los espacios mentales más idóneos en cada momento. Esto es algo que comúnmente realizan muchos de los adultos con *sentido común,* aunque también son muchos los sujetos que se quedan bloqueados en una u otra de las percepciones posicionales, impidiendo nuevas alternativas, y como consecuencia de ello genera bloqueos en la observación de cualquier conflicto, dando como resultado una situación de tensión, agresión o estancamiento en las relaciones. Aunque ya nos hemos referido con anterioridad a las posiciones perceptivas, consideramos importante matizarlas referidas a los conflictos de pareja.

En la *primera posición* el sujeto se centra en *sí mismo,* observando y valorándolo todo desde su propia perspectiva personal, asociado completamente a su experiencia subjetiva, a su mapa. Sólo atiende a la información recibida por sus canales de percepción y su conciencia se limita a las propias respuestas internas, sensaciones y emociones. No existe nada fuera de él, el mundo se circunscribe a su subjetividad.

Cuando una persona es capaz de colocarse en la *segunda posición* es como si fuese el *otro.* Ahora puede apreciar el punto de vista de la otra persona, disociado de sí mismo y asociado a la experiencia del otro, es decir, metido en «su pellejo», en los «zapatos del otro». Desde esta perspectiva mental, el individuo es capaz de experimentarse siendo el otro, pensando como él, sintiendo como él y valorando a la primera posición «yo», como la valoraría el «otro». La segunda posición cumple una doble función: por un lado conduce al mundo interno de los demás, para comprenderlos desde su perspectiva, sentimientos, etcétera; y por otro lado, permite al sujeto darse cuenta y asumir cómo le percibe y experimenta el otro.

La *tercera posición* es la objetiva, la de *observador.* Desde ésta el individuo mira al «yo» y al «otro», como un espectador, como si la situación no fuese con él directamente, sino que la observa desde fuera, valorando la interacción de ambos individuos –el «yo» y el «otro»– pero sin implicarse en ella emocionalmente (subjetivamente). En cualquier momento podemos desarrollar y enseñar esta capacidad de observación objetiva, para hacernos conscientes de la propia postura corporal, de los propios pensamientos, observando cómo caminamos, nos movemos, hablamos, cuáles son los mecanismos que utilizamos para pensar lo que pensamos, y todo ello observándolo como si fuésemos un observador ajeno a nosotros.

Por último, como dijimos al inicio de este capítulo, las diferencias en el uso de modalidades del sistema representacional también provocan situaciones problemáticas en muchas parejas.

Una esposa eminentemente kinestésica y un marido preferentemente visual, presentarán numerosos conflictos entre las sensaciones buscadas por una y la imagen observada por el otro. Bastaría, en la mayoría de los casos, con un emparejamiento de la *modalidad altamente valorada* por cada uno de ellos.

Capítulo 9

Ansiedad y estrés

El tiempo

Indudablemente, estos dos estados tienen mucho que ver con el tiempo, y cómo la persona lo comprende y lo maneja.

En PNL consideramos que la valoración del concepto tiempo –como metaprograma– es uno de los elementos fundamentales para comprender la personalidad. Nuestras experiencias del pasado, potenciadoras, limitantes, traumáticas, exitosas, neutras o del tipo que fueren, las vamos archivando de un modo u otro, y ello condiciona la forma de entender el mundo, de construir nuestro mapa, de relacionarnos con el ambiente y, por lo tanto, de entender la naturaleza del tiempo. Inevitablemente, la manera de almacenar y de acceder a nuestros recuerdos influye decisivamente en el modo de vida y en el valor que damos a las cosas.

Línea de tiempo

Cada persona tiene un modo personal de codificar el tiempo. El pasado, el presente y el futuro están organizados en cada uno de nosotros de tal modo que, al acceder a un recuerdo, podemos saber cuál es cual, y a qué tiempo nos trasladamos. Por este motivo, los seres humanos valoramos el tiempo de un modo tan diferente unos de otros. Cada persona archiva, estructura, organiza y divide este concepto tan subjetivo –el tiempo– según sus propias condiciones.

En nuestra mente, el tiempo toma una determinada forma que en PNL hemos definido como *línea de tiempo*. Esta línea temporal se representa gráficamente teniendo en cuenta cómo cada sujeto organiza las secuencias de sus experiencias. De este modo sabemos cuándo un recuerdo es del pasado o se trata de un sueño futuro. Si no existiera tal modelo interno, sería muy difícil identificar la separación temporal entre un recuerdo futuro y uno de la infancia.

En terapia, muchos de los cambios que se realizan (consciente o inconscientemente) son producto de modificaciones en la experiencia subjetiva que el individuo tiene del concepto *tiempo* y de su representación.

A la hora de hablar de la experiencia subjetiva temporal, y de qué manera ésta afecta a los estados y las emociones como son el estrés y la ansiedad, debemos recordar que existen dos tipos básicos de manejar el tiempo: el lineal, disociado u occidental, y el envolvente, asociado u oriental

El tiempo lineal

Esta idea de tiempo se basa en el concepto de que una cosa sucede a la otra dentro de una secuencia ordenada, o es una serie de actos encadenados que requieren un esfuerzo y continuidad lineal. El concepto de tiempo occidental –lineal– exige una distribución cronométrica, un espacio dividido en segmentos estrechos y continuos, puntualidad, una hora detrás de la otra, un minuto seguido de otro, y un segundo después de cada segundo. Los márgenes están limitados y definidos con absoluta precisión.

Esta concepción del tiempo es la que domina a las personas estresadas que ven pasar el segundero sin poder detenerlo. Esos sujetos tienen una *línea del tiempo* organizada linealmente de derecha a izquierda o de izquierda a derecha (en forma de línea recta, escalera o en ángulo) pero siempre, el pasado, presente y futuro estarán delante de él. De un golpe de vista lo tienen todo bajo control.

Planear, organizar, secuenciar, pautas, minuto a minuto, en punto, a la hora, etcétera son sus predicados verbales característicos. Consideran el tiempo como *continuum*, y con los recuerdos disociados y plegados en bloque. Para ellos, el tiempo y el valor de las cosas tienen una equivalencia.

El tiempo envolvente

El otro concepto del tiempo –el oriental, envolvente y asociado– es muy común que se presente en las personas que sufren de ansiedad. Su fundamento es que el tiempo es algo que está sucediendo en este momento; en algunos el futuro es algo irreal y temible y el pasado sólo existe por la experiencia sufrida. Almacenar el tiempo de esta forma supone que el pasado, el presente o el futuro se encontrarán dentro o detrás del sujeto, y sus características críticas son la asociación de los recuerdos y la ausencia de visión del futuro.

Los mensajes de las emociones

Sin embargo, no somos partidarios de eliminar o corregir los síntomas sin antes haber escuchado los mensajes que tales emociones nos trasmiten. ¿Cuáles pueden ser esos mensajes?

Puede ser alguno de los siguientes u otros parecidos:

- Estamos descontentos con lo que hacemos.
- Nuestro trabajo no nos satisface.
- Nuestras expectativas nunca se cumplen.
- Estamos solos, faltos de afecto, de atención.
- Nos sentimos frustrados, decepcionados, incapaces.
- Nos sentimos culpables, envidiosos, impotentes, etcétera.
- No sabemos hacia dónde vamos.
- Nuestra vida espiritual está vacía.

Cuando descubrimos el significado de nuestras emociones o enfermedades, nos damos cuenta de que no existe una causa única, sino que intervienen distintos factores: la propia persona, el contexto social y otros factores de carácter cultural.

El ser humano es un todo integral del que no podemos aislar elementos como si fuesen piezas de un rompecabezas. Somos parte de un sistema con multitud de interconexiones y todas ellas interactúan entre sí.

La unidad del *ser* aparece, de hecho, como un conjunto de sistemas interactivos y, a su vez, ese conjunto se encuentra organizado en niveles. Éstos constituyen grupos de desarrollo humano, o dicho de otro modo, son agrupaciones en las que se aglutinan intereses mentales o de conciencia, de mayor o menor importancia, dependiendo de la necesidad del momento o de la situación que esté viviendo el individuo. En PNL los llamamos *sistemas lógicos*, y explican la dimensión orgánica del hombre, además de los *niveles neurológicos*, por sus implicaciones directas en las diferentes respuestas que tienen dentro del sistema orgánico y como consecuencia del sistema nervioso.

Por todos estos motivos, recomendamos que –tanto en el tratamiento de la ansiedad como del estrés– se utilicen las técnicas de cambio o modificación de la línea del tiempo (descritas profusamente en el libro ya citado de *Técnicas avanzadas de PNL*). Además, también se debe usar el *alineamiento de niveles*, con el fin de reordenar y recodificar las experiencias y conceptos que tiene el sujeto.

Capítulo 10

Rigidez mental e incompetencia

La rigidez mental y la incompetencia se sustentan en el hecho de que el sujeto posee un rígido sistema de creencias que le impide actuar de acuerdo con el momento, lugar y grupo social. Si el individuo adoptara y utilizara un sistema de creencias flexible, desaparecerían los conflictos que se generan por una actitud intransigente o insegura.

Las creencias

En PNL definimos la creencia como: «La manifestación lingüística de la experiencia», o dicho de otro modo, aquellas generalizaciones que hacemos sobre las causas, los significados, los límites de nuestros mapas, nuestras conductas, capacidades y nuestra identidad. Se trata, en definitiva,de pensamientos, ideas de cómo son o cómo deberían ser las cosas.

El cerebro reacciona y cambia cuando en la vida cobra importancia una convicción y una certeza personal profunda. Nuestras creencias y convicciones son parte de nuestros pensamientos y, por lo tanto, han generado circuitos neurológicos en nuestro cerebro. Cuando pensamos, construimos representaciones internas o actuamos por una creencia profunda, estamos recurriendo a uno de los circuitos neurológicos ya existentes. Por esta razón sentimos que lo que estamos realizando es auténtico y correcto –ya que se encuentra impreso en nuestro cerebro–; estamos cómodos cuando operamos partiendo y apoyándonos en las estructuras de nuestras creencias que están profundamente arraigadas.

Por el mismo principio, las creencias limitadoras o limitantes operan impidiendo con fuerza la realización de cualquier capacidad generadora de acciones útiles.

Uno de los principios de la excelencia humana es que si nos damos cuenta de que nuestras creencias son una opción, que las podemos elegir libre y conscientemente, entonces las podremos seleccionar, escogiendo sólo aquellas que nos potencien y eleven; y, al contrario, eliminando o sustituyendo aquellas que resultan bloqueadoras o limitantes en nuestras relaciones con el mundo.

Siendo como son aspectos tan subjetivos de nuestro mapa, es absurdo que desde que el hombre es hombre, las creencias hayan sido la causa de guerras, muertes y enfrentamientos encarnizados entre personsa de distinta ideología. Esto es algo que se aleja del sentido común y manifiesta una estupidez extrema.

Creencias bloqueadoras

Cuando aceptamos una creencia, ésta desarrolla todo un entramado de relaciones causales y de significado que organizan y condicionan la vida del sujeto.

Si las creencias que defiende y sigue un individuo le mantienen atrapado en situaciones generadoras de conflictos internos, si su hacer es contrario a su creencia, si su actividad cotidiana no le proporciona las satisfacciones que previamente creía que le aportaría, entonces esta persona se irá deteriorando progresivamente hasta enfermar.

El ejemplo más común lo encontramos en las «depresiones» –o toda suerte de enfermedades– que suelen padecer las madres, generalmente amas de casa, cuando los hijos abandonan el hogar. ¿Qué ocurre para que la «enfermedad» se manifieste?

Estas mujeres recibieron una educación conservadora, que las adoctrinó para cumplir con su papel de madres y como educadoras de los hijos. Mientras los vástagos requerían atención y cuidado, la madre se sentía importante y necesaria, su vida tenía sentido y valor. Pero cuando los niños dejan de serlo y cada uno se marcha de casa para hacer su propia vida, muchas mujeres –a escala subconsciente y a veces conscientemente también– comienzan a cuestionar su existencia y el sentido de su vida: ya no se sienten necesarias.

La creencia impuesta desde pequeña de que el fin principal de ser madre era criar y educar a los hijos, se ha cumplido. ¿Y ahora qué? Nadie le ha proporcionado la creencia siguiente que ha de reemplazar a la anterior. El problema surge porque ninguna creencia es eliminada de nuestra mente en tanto que no sea sustituida por otra.

Debemos tener en cuenta que las creencias –junto con los valores– conforman la base de nuestra identidad. Si las creencias que soportan mi identidad de madre se desmoronan, yo como individuo también me desmorono. Esta situación es la que provoca la profunda «depresión».

¿Cómo resolvemos las crisis?

La solución es sencilla: si somos conscientes de cuál es la causa. En nuestra experiencia terapéutica, este tipo de «depresiones» o limitaciones –rigideces, inseguridades, miedos a la vida, etcétera– siempre se han resuelto del mismo modo: cambiando las creencias obsoletas por otras nuevas y poderosas.

Muchas de las enfermedades crónicas, cíclicas o reiterativas pueden tener su origen en la misma estructura anterior de creencias. Desde muy jóvenes, a muchas personas se les inculcó la idea de que son iguales que su padre, madre, abuelo, etcétera, y que van a padecer o padecen los mismos síntomas y las mismas dolencias que sus progenitores; afirmaciones todas ellas que le conducen a crear un sistema de creencias del tipo: «*Soy diabético como mi madre*», «*Tengo el mismo carácter que mi padre*», «*Antes de los cuarenta caeré enfermo como mi padre*», «*Soy propenso a los resfriados como mi padre*», «*He heredado las alergias de mi madre*»... y toda una serie de inconsistentes manifestaciones como éstas.

No queremos decir que la genética no juegue ningún papel, pero de ahí a que siempre se den los mismos síntomas durante generaciones, hay una gran diferencia. Tampoco podemos afirmar categóricamente que si cambiamos las creencias, por arte de magia nuestras enfermedades van a desaparecer: se requieren otras intervenciones de apoyo.

Pero lo que resulta indiscutible es que si cultivamos la creencia de que no se puede eliminar cierto mal de nuestro organismo, el mal nos acompañará hasta la muerte. Lo que sí podemos cambiar son nuestras actitudes, las rigideces mentales, las inseguridades basadas en creencias de que «*No sirvo*», «*No puedo*», «*Soy incapaz*». En PNL tenemos una expresión, tomada de Enri Ford que dice: «*Si crees que puedes o si crees que no puedes, ambas cosas son ciertas*».

Rangos de creencias

Es muy importante, a la hora de trabajar con las creencias, tener muy claros los diferentes grados o intensidades en que éstas están arraigadas. Veamos qué tipos o rangos de creencias podemos identificar.

Recordemos que una creencia es una generalización que hacemos sobre la relación entre las cosas que percibimos en nuestro ambiente, estableciendo vínculos de causa-efecto, significados y límites. Estas generalizaciones pueden tomar las siguientes características:

1. **Suposiciones.** Son creencias inconscientes o implícitas de una acción o creencias que le dan significado a los hechos sin soporte de experiencia. Las suposiciones no necesariamente se relacionan directamente con las acciones o los hechos objetivos.
2. **Presuposiciones.** Creencias inconscientes implícitas en la estructura de una acción o de otra creencia. Éstas son necesarias para que la acción o la creencia tenga sentido.
3. **Dependencia.** Es una creencia que supone que el sujeto necesita algo o de alguien para su supervivencia o existencia, y de que no existen otras alternativas.
4. **Codependencias.** Se generan cuando una relación se basa en la presuposición de que ambas partes se necesitan mutuamente para vivir o existir y que no hay otras alternativas.
5. **Absorción.** Creer que algo o alguien forma parte de uno mismo.
6. **Independencia.** Se sustenta en la creencia de que la identidad es completa y plena por sí misma y que el individuo posee muchas alternativas para sobrevivir.
7. **Coindependencia.** Este sistema de creencias se estructura cuando el sujeto posee una identidad y capacidad de supervivencia variadas, y con posibilidades de escoger alternativas. El individuo es capaz de generar y tener una relación interdependiente que posibilita el desarrollo y crecimiento de su propia identidad y la de su pareja, aumentando las posibilidades de supervivencia.
8. **Vicio.** Se desarrolla cuando se mantiene la creencia de que algo que se hace o se usa es imprescindible para sobrevivir, y se le da en tal dimensión que pone en peligro la supervivencia: «*Creo que necesito más para vivir*».
9. **Obsesión.** Se refiere a querer algo o querer hacer algo más allá de lo que parece ser razonable o saludable. Las obsesiones resultan de la experiencia de no tener o no tener suficiente; o no estar consiguiendo algo que se valora tanto que resulta esencial para ser quien se es o se desea ser. Surge de la

confusión entre objetivo y evidencia y son creencias sobre identidad. No se debe confundir *obsesión* con *compulsión:* la primera es un conjunto de creencias, mientras que la segunda es un comportamiento. La compulsión es la necesidad que nos empuja a hacer algo, incluso si nos parece innecesario o perjudicial. Es una operación que no tiene un objetivo consciente o cuyo objetivo se extinguió. Ocurre cuando se considera una evidencia en un nivel lógico inapropiado.

Creencias conflictivas

Para descubrir las creencias conflictivas en un paciente, se puede seguir el siguiente proceso de búsqueda:

1. Pedirle al paciente que describa una «pequeña preocupación» que tenga en ese momento. Primero se debe establecer un completo y óptimo *rapport.*
2. Atender bien a todo lo que dice, y preguntar aquello que necesitamos considerar como básico para cerciorarnos de que es cierto lo que cuenta. Hacer una hipótesis de cuál puede ser la creencia.
3. Reformular su preocupación con una de nuestras hipótesis y calibrar: Si responde con calma y dice que no es eso, cambiar de hipótesis, estamos equivocados. Si se sorprende, enrojece o se interroga, estamos en el buen camino. Continuar el cerco cada vez más cerrado, hasta obtener una creencia de identidad.
4. Retomar todo el proceso precedente y hacer que describa una de sus pasiones, para cotejarla.
5. En las respuestas pueden aparecer los siguientes mensajes que indicarán la existencia de algún conflicto con las creencias. Al acercarnos a una creencia o valor conflictivo es fácil escuchar frases como: *«No sé qué me lo impide»*, *«Esto parece un disparate, no tiene sentido»*, *«Esto no tiene sentido»*, *«Algo*

me lo impide, no sé qué es», «Éste no soy yo, no me reconozco», «No comprendo esto, pero...», «Sé que no es cierto, pero...», «No lo creo, pero...».

- El sujeto tiende a despistar o en algunos momentos dice (y tal vez sea verdad) que no tiene recuerdos de esa época. Ésta es una señal de la existencia de creencias limitadoras, conflictivas o traumáticas.
- El paciente nos conduce a una historia sin valor o proporciona indicaciones engañosas.
- Vuelca sus propias creencias en otros y hace frecuentes lecturas mentales.
- Muestra una fisiología asimétrica o señales que manifiestan incomodidad.
- Se presentan cambios de estados emocionales extremos: de la risa al llanto, de la rabia a la comprensión, de la ansiedad a la relajación, etcétera.

6. Procedemos a intervenir. La mejor técnica para manejar este tipo de situaciones es la conocida como «cambio de creencias». Se trata de un modelo muy poderoso, siempre y cuando se realice con total precisión, calibrando las respuestas verbales y no verbales que el sujeto transmite durante el proceso. Aunque el modelo ha sido ampliamente difundido, es muy conveniente recordarlo y tenerlo a mano, en especial con los detalles y ampliaciones que proporcionamos a continuación.

Modelo para el cambio de creencias

- **Paso primero.** Identificar la creencia que se desea cambiar en el sujeto en cuestión. Indicarle que la escriba en un trozo de papel y la doble. Una vez hecho esto, depositar el papel en el suelo, en el espacio que previamente habremos marcado con el título de «*Creo*», como se muestra en la figura de la página 145.

- **Paso segundo.** Identificar la creencia que queremos incorporar y –siguiendo las condiciones de buena formulación para la fijación de objetivos– hacer que la escriba en otro trozo de papel, la doble y la coloque en el espacio denominado *«Quiero creer»*.
- **Paso tercero.** Situar al sujeto en la posición de *«Abierto a la duda»*, y solicitarle que recuerde intensamente alguna ocasión en la que tuvo una creencia firme y comenzó a dudar de su efectividad o validez. Identificar las submodalidades críticas de esa experiencia, haciendo un análisis exhaustivo de las mismas. Durante el trabajo de investigación, el sujeto ha de mantenerse completamente asociado a la experiencia. Anotar los operadores que intervienen en el recuerdo: modalidades existentes, orientación, sinestesia e intención. A continuación, y una vez que el sujeto esté en el punto álgido de la experiencia, anclarle (ancla 1), para posteriormente, poder reactivar el estado de duda. Una vez realizada la operación, sacarlo de ese espacio y llevarlo al espacio marcado como *«Neutro»*.
- **Paso cuarto.** Seguidamente, debemos indicarle que pase al espacio de «Creo», y que coja el papel que contiene la creencia que quiere eliminar, y con él se traslade a la posición de *«Abierto a la duda»*. Activar el ancla (1), pedirle que lea el contenido de la creencia (el contenido del papel) y que visualice la creencia que quiere eliminar; aplicar las submodalidades críticas encontradas para la duda. Calibrar y conducirlo a que sienta cómo la duda sobre esa creencia toma cuerpo en él. Tan pronto como haya experimentado debidamente la duda, que doble de nuevo el papel y, lo deje en el suelo sobre ese mismo espacio, salga de esa posición y se sitúe otra vez en el lugar marcado como *«Neutro»*.
- **Paso quinto.** Situar al paciente ahora en el espacio *«Abierto a creer»*, donde recordará una experiencia en la que alguien le dijo algo o leyó algo hasta entonces poco increíble, pero que despertó en él alguna idea que le abrió la posibilidad de que aquello

fuese cierto y creíble. Podría haberse dicho algo así como: «*Podría ser, ¿por qué no?*». Debemos provocar que reviva ese recuerdo y esa experiencia completamente asociado. Recoger todas las submodalidades críticas y demás características de la misma, y en el momento de máxima intensidad, anclar otra vez, pero en un lugar diferente (kinestésica) (ancla 2). Sacarlo del espacio y retornarlo al punto de «*Neutro*».

- **Paso sexto.** Ahora situar al paciente en el sitio de «*Quiero creer*», y recogerá el papel escrito con la creencia a incorporar, para pasar con él al lugar de «*Abierto a creer*». Allí activar el ancla 2, y pedirle que lea la nota. A continuación, hacer que piense en la nueva creencia con las submodalidades detectadas y anotadas por nosotros y que identificamos

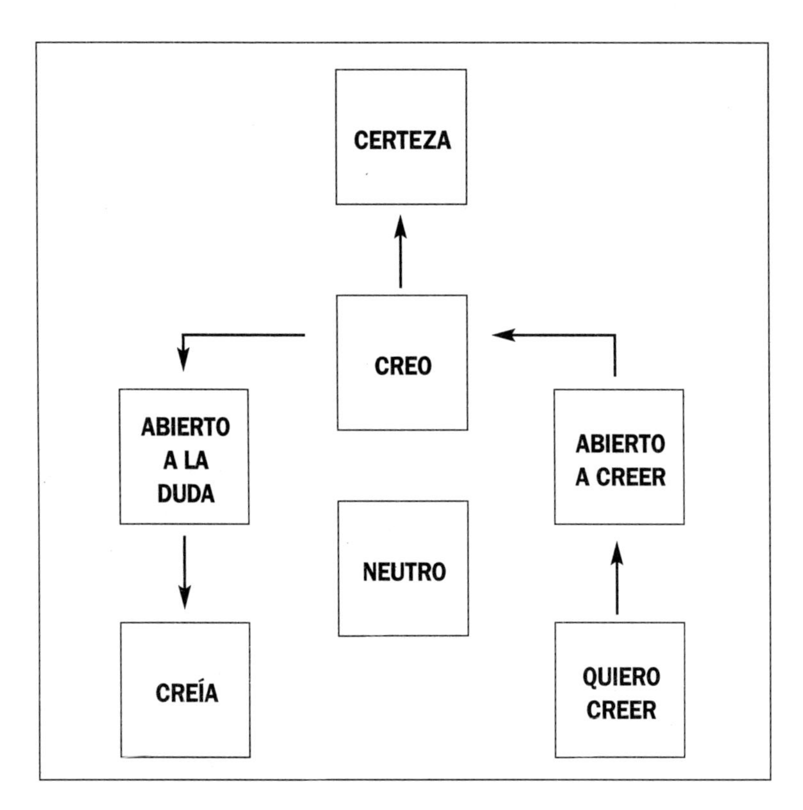

en *«Abierto a creer»*. Debemos pedirle que sienta cómo ya es una realidad la posibilidad de que esa nueva creencia sea suya. Calibramos la consecución de este estado y, una vez experimentado, que doble de nuevo el papel y lo deje en el suelo en el mismo espacio. A continuación, que salga y se coloque una vez más en *«Neutro»*.

- **Paso séptimo.** Situar al paciente ahora en el espacio de *«Creía»*. Éste debe recordar una situación de hace muchos años, cuando creía algo que ha descartado para siempre. Algo así como creer en Papá Noel, los Reyes Magos, la cigüeña que trae a los niños de París o cualquier creencia similar. Debe revivir el hecho profunda y asociadamente, extraer las submodalidades y demás características. Le anclaremos de nuevo en otro punto distinto de los dos anteriores (ancla 3). De nuevo ha de volver al lugar del espacio *«Neutro»*.
- **Paso octavo.** En el siguiente paso recogerá el papel con la creencia a desechar del espacio *«Abierto a la duda»* y pasará con él al espacio *«Creía»*. Le activaremos el ancla correspondiente (la 3) y haremos que lea el papel, que experimente la creencia a desechar con las submodalidades de este espacio, y que sienta cómo ya le parece histórica dicha creencia. Debemos calibrar de modo que alcance correctamente el estado. Luego, que doble de nuevo el papel y lo deposite en el suelo saliendo de nuevo del espacio y volviendo al de *«Neutro»*.
- **Paso noveno.** Colocaremos al paciente, ahora, en el punto marcado con *«Creo»*. Aquí debe revivir intensamente una firme y poderosa creencia que tenga en la actualidad, y que bajo ninguna circunstancia renunciaría a ella; debemos procurar que sea una creencia importante para él. Tomaremos las submodalidades de la experiencia como siempre, y una vez observada la asociación total a la experiencia lo anclaremos de nuevo en otro punto (ancla 4). Le pedimos que salga y vuelva al espacio *«Neutro»*.
- **Paso décimo.** Ahora debe tomar el papel de la creencia a incorporar que tenemos en el espacio de *«Abierto a creer»*, la

leerá e introducirá –si quiere– los cambios que considere necesarios para ajustarla más a su modo de ser y a la realidad futura. Una vez reformada, que pase con ella al espacio de «*Creo*». Activaremos el ancla 4 y, simultáneamente, él leerá la creencia escrita en el papel. Es conveniente que reflexione algunos instantes mientras le incorporamos las submodalidades detectadas previamente en este espacio. Debemos pedirle entonces que sienta y se dé cuenta de que ya está creyendo en eso que quería creer. A continuación, le haremos salir y situarse en el espacio «*Neutro*» otra vez.

- **Paso undécimo.** Colocaremos al paciente en el espacio de «*Certeza*», donde recordará y revivirá alguna de las certezas que tiene en su vida: esas cosas que jamás podrán cambiar incluso aunque él desapareciera, aquellas cosas que siempre van a seguir siendo como son ahora. Lo asociaremos a esa experiencia, tomando las submodalidades, calibramos el punto álgido y anclando en otro punto (ancla 5). Luego, saldrá de este espacio y volverá al «*Neutro*».
- **Paso duodécimo.** Ahora recogerá la nota de su nueva creencia, que está situada en el espacio de «*Creo*» y pasará con ella al lugar de «*Certeza*», le activamos el ancla 5, y le invitamos a que lea la nota, reviviendo la experiencia de su nueva creencia mientras le incorporamos las submodalidades detectadas con anterioridad. Le dejaremos unos instantes para que asimile su nuevo estado plenamente.
- **Paso décimotercero.** Ahora le pedimos que dé un paso al frente y que haga un *puente al futuro*: que identifique un lugar, un tiempo y una situación en la que deberá estar como si ya estuviese usando esta nueva creencia, las capacidades por ella generadas y las conductas que se manifestarán como consecuencia de su nueva forma de pensar. Si hay alguna resistencia o anomalía en el proceso final, lo repetiremos todo desde el principio, pero esta vez cerciorándonos completamente de anclar y activar correctamente, así como detectando las submodalidades críticas con total precisión. No olvide-

mos que cada una de las anclas han de estar en lugares diferentes y que a la hora de anclar debemos tener en cuenta las condiciones necesarias para un buen anclaje.

- **Paso décimocuarto.** Por último, le indicaremos que destruya el papel de la creencia que quería eliminar, de la forma que le resulte más significativa. Debe guardar en su bolsillo la hoja con la creencia nueva incorporada y leerla algunas veces a lo largo del día durante toda la semana.

Capítulo 11

Somatizaciones

Recordemos que en PNL toda enfermedad está vinculada en el nivel de las conductas, por lo que consideramos que toda enfermedad es una conducta.

Entonces, ¿quién elige la enfermedad? El primer paso en este trabajo será el reconocimiento por parte del paciente de ser partícipe –de manera consciente o inconsciente– en el origen y desarrollo de su enfermedad y, por consiguiente, de su capacidad para participar activamente también en el proceso de curación.

Las variables

El miedo, la culpa, el resentimiento, los bloqueos, la incapacidad de encontrar solución a los conflictos personales, al igual que otras emociones negativas (estrés, ansiedad, envidia, celos, etcétera) propician males orgánicos.

En las llamadas reglas del funcionamiento de nuestra mente se afirma: «*Cualquier síntoma inducido emocionalmente, si persiste tiende a generar cambios orgánicos*».

Desde el principio de los tiempos, las variables del entorno eran mucho mayores que las variables de decisión. Dependíamos de lo que ocurría en nuestro entorno, creíamos que estábamos supeditados a los factores exógenos. Sin embargo, nuestro propósito consiste ahora en facilitar al hombre la capacidad de invertir esta ecuación.

- ¿Por qué me he predispuesto a la enfermedad?
- ¿Por qué permito que la enfermedad se desarrolle dentro de mi organismo?

Éstas serían preguntas imprescindibles para empezar a tomar conciencia de aquellas estrategias mentales que pueden generar la enfermedad. Demos por sentada la predisposición, la herencia genética, el ambiente social, las conductas aprendidas y otros factores que favorecen la enfermedad. Aunque algunas personas en las mismas condiciones negativas no se enferman; por el momento, consideremos estos casos como excepcionales –aunque no lo sean–.

La enfermedad es una especie de mensaje y nuestro trabajo como terapeutas es descifrar su contenido, su código de comunicación. ¿Cuáles pueden ser esos mensajes que nos indican que hay una enfermedad? Puede ser alguno de los siguientes u otros parecidos:

- Estamos descontentos con lo que hacemos.
- Nuestro trabajo no nos satisface.
- Nuestras expectativas nunca se cumplen.
- Estamos solos, faltos de afecto y de atención.
- Nos sentimos frustrados, decepcionados e incapaces.
- Nos sentimos culpables, envidiosos o impotentes.
- No sabemos hacia dónde vamos.
- Nuestra vida espiritual está vacía.
- Estamos completamente desorientados.

«Abandonó a Dios su hacedor, y alejose de él su salud.»
Deuteronomio: 32, *15*

Sistemas lógicos

Cuando descubrimos el significado de nuestras enfermedades, nos damos cuenta de que no existe una causa única ya que, como vimos anteriormente, intervienen distintos factores: la propia persona, el contexto social y otros componentes de carácter cultural. El ser humano es un todo integral del que no podemos aislar elementos como si fuesen piezas de un rompecabezas. Somos parte de un sistema con multitud de interconexiones y todas ellas interactúan entre sí.

La unidad del ser aparece, de hecho, como un conjunto de sistemas interactivos y, a su vez, el conjunto se encuentra organizado por niveles. Éstos constituyen grupos de desarrollo en el ser humano. Dicho de otro modo, son agrupaciones en las que se aglutinan intereses mentales o de conciencia, de mayor o menor importancia, dependiendo de la necesidad del momento o de la situación que esté viviendo el individuo.

En PNL los denominamos *sistemas lógicos*, y explican la dimensión orgánica del hombre, y también niveles neurológicos, por su implicación directa en las diferentes respuestas que tienen dentro del sistema orgánico y como consecuencia, en el sistema nervioso. Aunque ya hemos hablado en reiteradas ocasiones de la importancia de los niveles lógicos, no está de más reiterar su vital relación con cualquier mecanismo humano.

Bertrand Russell y Gregory Bateson propusieron un esquema de niveles lógicos para las estructuras humanas que se organiza en los siguientes puntos: ambiente, conductas, capacidades, creencias, identidad y espiritualidad.

Ese fue el modelo inicial que hace años se utilizó en PNL; sin embargo, desde 1995 hemos investigado con decenas de sujetos, llegando a la conclusión de que los niveles son más numerosos en el ser humano –aunque algunos autores defiendan la teoría de que los hemos incorporado– están incluidos en los otros ya propuestos.

De todas maneras, como nuestra clasificación no está en contradicción con la propuesta ortodoxa de Bateson –incluso los escalones básicos son los mismos– preferimos utilizar esta última, pues consideramos que nos facilita una comprensión más clara de todo el sistema.

De esta forma, los niveles lógicos quedarían ordenados de la siguiente manera: ambiente, comportamiento, capacidades, creencias, valores, identidad, transpersonalidad y espiritualidad.

Ambiente

Este primer nivel lógico se refiere al contexto externo a la realidad en la que existimos. Cuando nacemos, con lo primero que hemos de enfrentarnos y experimentar es con el medio que nos rodea. Tenemos la necesidad de desarrollar y aprender equilibradamente la importancia de este estadio. Aquí contactamos con los primeros impactos agresivos del medio: sentimos la proximidad o lejanía de otros seres, satisfacemos o no nuestras necesidades de alimento, bebida, tacto, limpieza, calor o frío, y aprendemos a sobrevivir acercándonos a lo que nos causa placer y alejándonos de lo que nos genera un sufrimiento, procurando que el entorno nos resulte lo más armónico posible.

Si algún aspecto de este nivel (entorno físico, momento y personas) no es comprendido o asimilado correctamente pueden quedar lagunas o traumas que producirán una deficiencia en el mismo, siendo por lo tanto un nivel poco consistente para soportar al nivel superior correspondiente a las conductas.

El proceso de aprendizaje de este plano, aunque dura toda la vida, es fundamental que se consolide en los primero tres años de edad, cuando el sujeto establece las bases para un posterior desarrollo equilibrado.

El nivel ambiente es el lugar donde ejecutamos las acciones, con quien las realizamos y en los momentos que se efectúan. Incluye tanto el entorno natural como el laboral, el social y el familiar. Es todo el mapa del mundo externo que nos sirve de escenario para realizar nuestras actividades, trabajo, relaciones humanas y amorosas, diversiones, empresas, proyectos, creaciones artísticas y todo lo concerniente a la acción humana.

En este nivel es donde se escribe la historia, donde ocurren los hechos y donde viven los seres. Lugar, momento y personas de estos tres elementos exógenos, y de la forma cómo se atiendan va a depender en muchos casos el éxito o fracaso de nuestros comportamientos.

¿Dónde, cuándo y con quién quiero hacer algo, me siento bien o enfermo, o actúo de tal o cual manera? Son las preguntas que nos haremos para descubrir qué acontece en este escalón y detectar si existen conflictos.

Aquí nos afectan las tecnologías, la contaminación, la desarmonía, las injusticias, los ruidos, la violencia, las faltas de atención en la infancia, los malos tratos, etcétera. Todo ello contribuye a nuestra insatisfacción y nos predispone a las alteraciones de salud que, a la larga, acabarán por manifestarse, tal vez sin que seamos conscientes de su origen. Es importante tener presente todos estos aspectos en cualquier trabajo terapéutico que ejecutemos.

El sistema nervioso periférico y toda nuestra superficie dérmica se encuentran directamente relacionados con este nivel y lo identificamos o reconocemos a partir de las sensaciones y acciones reflejas. Muchas de las somatizaciones manifiestas a partir del citado sistema y todo lo que él abarca tienen que ver con conflictos en este orden.

Comportamiento

También lo podemos llamar *conductas* o *acciones*. Este nivel lógico es el que contempla y aglutina los actos específicos realizados en cada contexto.

A partir de los primeros años de vida (dos o tres años) el individuo comienza el aprendizaje consciente de conductas: hablar, caminar, utilizar correctamente los movimientos corporales, manejar ciertos instrumentos para ejecutar acciones más complejas (cubiertos, lápices, rompecabezas, etcétera). De nuevo, la experiencia correcta y bien dirigida permitirá que el sujeto adquiera soltura, dominio y equilibrio en sus comportamientos básicos como soporte para todo el aprendizaje conductual cultural que deberá realizar a lo largo de su vida.

En este estadio, y sobre todo en esos primeros años, el niño experimenta y asimila las acciones básicas que desarrollará de adulto, observando e imitando lo que sus progenitores o educadores ejecutan delante de él.

Aunque los progenitores o tutores no sean conscientes de ello, los pequeños copiarán las formas de hablar, de moverse, de comer, de relacionarse con próximos y extraños, de querer y de no querer, de enfadarse y alegrarse, de comunicar, incluso la predisposición a enfermar.

Tanto los comportamientos verbales como los no verbales tienen su origen aquí, y son ejecutados por todos nosotros y en cualquier momento.

Aquí incluimos tanto los actos operativos y útiles, como los anómalos, malsanos, compulsivos e, incluso, las enfermedades (debemos recordar que para la PNL toda enfermedad es una conducta), por lo tanto, somos responsables directos de la pérdida de nuestra salud.

- ¿Qué hago?
- ¿Qué evito?
- ¿Qué hago para enfermar?
- ¿Qué dejo de hacer?
- ¿Cuáles actitudes o conductas me dominan y me conducen a las alteraciones orgánicas?
- ¿Qué abusos cometo?
- ¿Cuáles conductas compulsivas me dominan?

Las preguntas anteriores nos permiten investigar a fondo el nivel de nuestros comportamientos, y descubrir las alteraciones aquí existentes.

El sistema motor –piramidal y cerebelo– se encuentra directamente relacionado con el plano del que hablamos. Cualquier trastorno del mismo tiene su raíz o conflicto dominante en alteraciones desarrolladas por inadecuación en este estadio. Las acciones conscientes, aunque tras un aprendizaje hayan pasado a ser competencia inconsciente, están centradas en el escalón de comportamientos.

Capacidades

Son las estrategias, estados internos, recursos, habilidades, cualidades, y emociones. A partir de los 6 ó 7 años de edad, el niño comienza a ser consciente de la realidad que le circunda, razonando las causas y las consecuencias de sus propias conductas y de las ajenas.

Ahora el aprendizaje que debe hacer es el de desarrollar habilidades, estrategias, estados internos potenciadores o limitantes e identificar los estados emocionales, así como el correcto manejo de los mismos. En el estadio al que nos referimos ahora, se engendran los equilibrios o desequilibrios emocionales que de adulto se manifestarán. Un niño al que no se le enseña adecuadamente cómo manejar sus emociones, cuándo son útiles, cuáles debe usar, etcétera, tomará de su entorno aquellas que mayor beneficio le ocasionan e insistirá en sus exteriorización como medio de satisfacerse.

Cuando queremos investigar la naturaleza, la situación del nivel y las capacidades, recurriremos a las preguntas:

- ¿Qué hago para ...?
- ¿Cómo se generan en mí ...?
- ¿Cómo impido ...?
- ¿Cómo puedo o no puedo ...?
- ¿Cómo hago o me niego a hacer ...?

Todas estas preguntas nos conducen a las estrategias mentales que programamos en nuestra mente para poder llevar a efecto o no cualquier acción mental o motriz. Las capacidades son los estados internos del individuo que permiten o no generar ciertas conductas. Aquí es donde los individuos inician su formación en el desarrollo de todo tipo de estrategias mentales; no se debería dejar al azar –como muchas veces se hace– la generación de tales recursos, ya que serán decisivos en la vida de la persona. Se trata pues de la dirección que imponemos a nuestra vida y del sentido que le damos a nuestras conductas.

El sistema cortical, movimientos oculares, gestos, posturas y, en general, todos los movimientos y micromovimientos inconscientes vinculados con el nivel de las capacidades.

Investigaciones norteamericanas muy recientes han demostrado que la mayoría de los enfermos de cáncer son personas que reprimen sus sentimientos hostiles y tienen una baja autoestima, o ante una pérdida importante se sienten abandonados e incapaces de reacción. Son personas que no saben manejar correctamente sus emociones.

¿Qué hace que una persona reprima sus sentimientos o que tenga una baja autoestima? La respuesta está en las creencias del tipo limitante que sentencian el no poder o no ser capaz, y como repetimos frecuentemente, *«Si crees que puedes o si crees que no puedes, estás en lo cierto»*.

Los estados emocionales, los recursos que desencadenan nuestras conductas son, en consecuencia, los actores causantes –aunque menos evidentes– del desarrollo de los males.

- ¿Qué hago para enfermar?
- ¿Cómo razono y me justifico para no hacer lo que tendría que hacer para mantenerme sano?
- ¿Cómo pienso para mantenerme en esos estados alterados y tensos que tanto me perjudican?
- ¿Qué hago para estresarme?
- ¿Cómo actúo para mantener tales grados de ansiedad, irritación e insatisfacción?

Creencias

Este nivel facilita el permiso o motivación para desarrollar las capacidades y el eje sobre el que construimos toda nuestra existencia.

Ya hemos hablado de ellas y de su gran importancia en el restablecimiento de la salud, tanto psíquica como física; sin embargo, dada su trascendencia, insistiremos y ampliaremos las referencias.

¿Por qué hago o haría las cosas? ¿Por qué las cosas son así y no de otra manera?

Aunque éste es un nivel en permanente cambio, comienza a consolidarse a partir de la adolescencia, y permanece en construcción mientras permitimos que el proceso de evolución humana siga vivo en nuestro interior. Es el punto clave de nuestra vida, ya que es el momento en el que necesitamos puntos de referencia para comprender el mundo que nos rodea.

Si las creencias no nos resultan válidas, comenzamos a experimentar un vacío existencial o una búsqueda que nos sumerge en un caótico y permanente estado de insatisfacción.

Este estadio es el más complejo y múltiple de toda la escala, como veremos más adelante; lo forman todo el entramado de valores, criterios, creencias propiamente dichas y los metaprogramas. Debido a la amplitud de este nivel tal y como es presentado por Robert Dilts y a la dificultad que acarrea su manejo, lo hemos dividido, separando de él los valores, y tratándolos en otro rango de importancia superior.

Un conjunto de estas creencias conforman las fijaciones y las pasiones del ego. También soportan la identidad y nos abren las puertas del poder de la voluntad o no. Las creencias no son buenas ni son malas: son potenciadoras, útiles, limitantes e inútiles, en función de que nos permitan o no seguir un proceso de desarrollo humano completo.

El sistema nervioso autónomo (frecuencia cardíaca, pulso, dilatación de la pupila, etcétera) es el que directa o indirectamente está relacionado con este nivel, y sus manifestaciones son respuestas inconscientes.

Entrelazados con el complejo sistema de creencias, se encuentran nuestros valores, criterios y los metaprogramas que –como ya hemos mencionado antes– dan forma a lo que conocemos como *personalidad*. Es, en último término, quien acepta o niega la posibilidad de que en nosotros se generen ciertos trastornos y no otros, ciertas potencialidades y no otras, son la llave que nos abre las capacidades y recursos para hacer frente a las necesidades de la vida.

La pregunta «*¿Por qué?*» nos trasladará siempre a una creencia subyacente, que no son otra cosa que las manifestaciones o expresiones lingüísticas de nuestras experiencias subjetivas.

De nada sirve intentar convencer a otra persona de que sus creencias son erróneas (inútiles), porque de hecho no es así: a ella le sirven, son parte de su experiencia, y en el momento en el que las manifiesta (por estar integradas), resulta la mejor opción disponible y la más ecológica para la persona en ese instante. Un cambio de creencias sólo es factible en la medida que el sujeto tome conciencia de que necesita otra creencia más acorde o conveniente, y la modifique, sustituyéndola por otra. No podemos quitar una creencia sin más, no podemos dejar el vacío, es menester colocar otra en su lugar.

Las creencias representan uno de los factores decisivos en el mantenimiento de la salud o en la propensión a la enfermedad. Son las que nos abren o cierran las puertas para ir en una u otra dirección. Las preguntas que transcribimos a continuación, nos facilitarán algunas claves para la ubicación original de un problema.

- ¿Deseamos vivir cien años?
- ¿Por qué necesitamos una enfermedad y qué beneficios obtenemos?
- ¿Qué significa la enfermedad para nosotros?
- ¿Por qué enfermamos?
- ¿Por qué no nos curamos?
- ¿Por qué nos sobrevienen estas crisis?

Valores

Todo aquello por lo que estamos dispuestos a esforzarnos, cambiar, arriesgar y luchar en la vida conforma nuestro arsenal de valores. Y aunque ya nos hemos referido ampliamente a ellos, podemos decir que los valores o la ausencia de los mismos es lo que le proporciona o quita el sentido a nuestra vida.

Nuestros valores y su mantenimiento forman una parte muy importante en nuestra decisión (subconsciente) de vivir o morir, de sanar o enfermar. Ciertos valores nos dirigen hacia la salud y el bienestar, en cambio otros nos conducen irremediablemente hacia la enfermedad.

Éste es uno de los niveles más importantes del ser humano, además de ser superior al de las creencias, por lo que lo consideramos un estadio independiente. Además, se encuentra directamente relacionado con el sistema inmunológico y, a su vez, como es inseparable de la identidad, es compartido con ese otro nivel.

Los valores son la clave para identificar las intenciones profundas del individuo, y podemos empezar a extraerlas con preguntas del tipo:

- ¿Cuáles son los valores más significativos en nuestra vida?
- ¿Para que vivimos?
- ¿Para qué nos sirve la enfermedad?
- ¿Para qué queremos la salud?
- ¿Para qué hacemos aquello que hacemos?

Identidad

A partir de los 20 años los individuos tienen que comenzar a edificar sólidamente el nivel de su propia identidad. Éste es un nivel complejo y de precisa elaboración, ya que va a servir de faro para el resto de la vida.

Aunque en ocasiones se considera el nivel de identidad como correspondiente al de la personalidad, éste va mucho más allá, y contiene, incluso, los fines últimos a los que el sujeto aspira en la vida, aquellos valores que considera vitales y trascendentes.

La identidad respondería a preguntas del tipo:

- ¿Quién soy yo?
- ¿Quién es... [nombre de la persona]?
- ¿Cuál es mi relación conmigo mismo?
- ¿Quién creo que soy y, en consecuencia, dónde pongo mis límites?

- ¿Quién es ese individuo que tiene esos valores?
- ¿Quién es ese ser que digo?

Un vacío en este estadio puede conducir al individuo a una existencia sin sentido, sin dirección, sin objetivos claros y sin compromisos. La construcción de la identidad requiere esfuerzo, disciplina y sacrificio, para que a través de la observación de nuestro interior podamos eliminar todos aquellos aspectos indeseables y cambiarlos por las cualidades que queremos establecer. No es éste un trabajo superficial ni improvisado y –como ya sabemos– ha de tener soportes sólidos en el nivel de creencias, donde los valores son sus fundamentos y sostén.

La identidad se encuentra directamente conectada, en su parte inferior con los valores, con el nivel transpersonal en el estadio superior, e incluso con la espiritualidad, ya que de ella emana, sea cual sea su naturaleza puesto que es como el vértice al que tendemos esencialmente.

Para consolidar y equilibrar, a partir de cierta edad, este estadio, hemos de conectar con nuestra misión o función en la vida. «*¿Cuál es mi misión o función en la vida?*» es una pregunta clave para identificarnos y comprometernos con nosotros mismos y que, en definitiva, es lo que hemos de conseguir en este plano de existencia. Aquí, como puede observarse, si los valores no son sólidos y elevados, la tarea como individuos será mediocre y a lo sumo, materialista.

Podríamos decir que nuestra identidad es como el tronco de un inmenso árbol, el eje de nuestro ser; y que como tal se ha desarrollado a partir de una simiente, y ha extendido sus raíces profundamente, las cuales le proporcionan la nutrición. Pero la nutrición no sólo proviene de las raíces, sino que también se nutre a través del otro sistema de extensiones aéreas que son las ramas y las hojas, y así, en consecuencia, esas ramas y hojas van a estar moldeadas en función del sistema ecológico y a la propia naturaleza del árbol.

Como en esta metáfora del árbol, nuestra identidad se mantiene gracias a una red invisible de raíces que son las redes neuronales estructuradas y conectadas, dando lugar a las estrategias de procesamiento de nuestras percepciones, creencias, valores, capacidades, etcétera.

La identidad se manifiesta externamente en función de lo involucrados que nos sintamos en sistemas más amplios (familia, grupo, sociedad, etcétera).

Internamente, la identidad se manifiesta con nuestro adecuado modo de pensar, razonar, sentir y, especialmente, si somos capaces de estar a solas con nosotros mismos sin sentir desasosiego, si nos satisface nuestro propio ser y estar.

Este peldaño tiene relación con el sistema inmunológico y endocrino (funciones profundas del mantenimiento de la vida), y en cierto modo –por su estrecha vinculación– comparte con el nivel anterior.

Una imagen deteriorada o sobredimensionada de nosotros mismos, sustentada en valores mezquinos, de exclusivo placer o correspondientes al nivel ambiente o conducta, sistemas de creencias diferentes o contradictorios que ocasionan una deformación de la realidad objetiva, puede conllevar disfunciones orgánicas severas (como cáncer o deficiencias inmunológicas), producto de una experiencia subjetiva totalmente deformada y falsa. Lo mismo ocurre con otras enfermedades relacionadas con el sistema endocrino.

No queremos decir que la PNL cure el cáncer o que sea una «varita mágica».

En nuestra opinión, dado que los conflictos de identidad tienen relación directa con el sistema inmunitario, facilitan el desarrollo de estas enfermedades y, si se resuelven, pueden facilitar o ayudar a otros métodos terapéuticos para que actúen de forma más rápida y eficaz.

En la mayoría de los casos, es el nivel responsable de las llamadas enfermedades incurables o genéticas. El enfermo se identifica con su enfermedad, debido al desconocimiento o carencia de una identidad real, facilitando de ese modo el arraigo de la misma como parte de él.

La teoría aquí expuesta ha sido –en cierto modo– confirmada y ratificada por el doctor Ernest L. Rossi, quien tras largas investigaciones clínicas ha detectado la relación directa existente entre nuestro pensamiento y la respuesta celular en la producción de hormonas.

Entonces, ¿de qué depende nuestra salud o gran parte de ella? Indudablemente, para nosotros, del contenido de nuestros pensamientos, y éstos están en función del conjunto de creencias y valores que definen nuestra identidad.

Si creo que soy de una determinada manera, voy a filtrar los impactos procedentes del territorio (lo objetivo) con los condicionantes de mi mapa, dirigiendo mi experiencia subjetiva del hecho en dicha dirección.

Transpersonal y espiritual

Una vez comprometido en la consolidación de su identidad, el individuo debe iniciar el reconocimiento y la identificación de los niveles individuales más altos: el transpersonal y espiritual.

- ¿Qué o quién más hay conmigo, por encima de mí, más importante que yo?
- ¿Cómo vivo mi experiencia de pertenencia a un sistema más amplio y determinante que mi propia identidad?

Los siguientes estadios son el espacio interno que nos conecta con lo transpersonal –grupos, clanes, familia, humanidad, planeta–. Incluso puede estar vinculado con lo sublime o con la parte más profunda de nosotros mismos, eso que llamamos *esencia*, ser esencial, espíritu o con aquellos aspectos aún más trascendentes como energía universal, todo, el oculto, lo absoluto, Dios, etcétera.

Tanto el nivel transpersonal como el espiritual son niveles holísticos –entendiendo este término como ser parte integrante de un sistema más amplio– o aglutinadores sistémicos.

Gregory Bateson recomienda ponernos en contacto con esa «misteriosa» fuerza sistémica que es la rectora de la naturaleza, de modo que nos liberemos del racionalismo restringido que pretende organizar, ordenar y dirigirlo todo, provocando tantísimo daño y contrariando las leyes sistémicas naturales.

En estos niveles altos hemos de considerarnos como un sistema unificado en sí mismo e integrante de otro sistema unificado mucho mayor. Es el nivel menos estudiado desde la perspectiva de la PNL –o en el que menos se ha profundizado– en sus respuestas orgánicas, ya que éstas se producen a escala total.

En nuestra experiencia observamos que los cambios –y más que los cambios, la inclusión de este nivel en la dinámica de vida de un individuo– producen respuestas no mesurables en la dirección de una mejor adaptación a la situación de conjunto de la persona.

Aunque los trabajos clínicos documentados son escasos, algunos neurólogos reconocen que este nivel es el encargado de que el sistema nervioso funcione como un todo unificado.

Cuando los estadios espiritual y transpersonal están consolidados en el individuo se amplían, abriéndose a más y más niveles de integración y profundización. Podríamos compararlo con la boca de un agujero negro que, al entrar en su campo de energía, nos absorbe transportándonos a dimensiones superiores y desconocidas.

Recordemos que cuando hablamos de espiritualidad o trascendencia no nos referimos en absoluto a algo religioso: podemos ser muy espirituales y nada religiosos, o muy religiosos y nada espirituales. Hablamos de espiritualidad como experiencia, y al citar todo, absoluto, Dios, fuerzas sistémicas, humanidad, planeta nos referimos a experiencias y no a construcciones de razonamientos. Actualmente, podemos encontrar demasiados seudoespirituales y transpersonales ficticios que nada tienen que ver con lo que implican estos estados del ser. Comprender la envergadura de los niveles a que estamos refiriéndonos supone una profunda transformación de la conciencia y, como dice Robert E. Orstein:

«Éste es el propósito auténtico al que tendría que estar volcada toda la humanidad, ya que es el trabajo de hacer evolu-

cionar nuestra conciencia, cosa que ahora nos debería mantener ocupados».

La relación que mantengamos con las fuerzas superiores permite establecer en el sujeto ciertos estados y comprensiones de la salud o enfermedad y más exactamente, facilitará el paso de un estado de sano a uno de malestar.

Lo que percibimos día a día, lo que experimentamos en lo cotidiano, no es más que una parte (un mapa) de una realidad mayor (territorio), del que en la mayoría de los casos no sabemos nada (o muy poco), ya que nuestra comprensión está velada por los límites de nuestro propio mapa.

Imaginemos que la realidad total (territorio) es como una inmensa esfera repleta de otras esferas menores, que a su vez están llenas de bolitas, formadas por innumerables puntitos. Nosotros somos los puntitos: en el mundo que vivimos (nuestra realidad circundante, experiencias, valores, creencias, conocimientos, datos, cultura, energías conocidas, estados de conciencia conocidos, etcétera) es la bolita a la que pertenecemos. Esta bolita tiene (así lo creemos) una superficie opaca y no somos (así lo creemos también) capaces de captar la realidad que hay más allá de ella; sin embargo, más allá, justo al lado, hay otras bolitas que contienen otras realidades (algunas veces las llamamos realidades paralelas, mundos paralelos y otras denominaciones), en ella las experiencias, las energías, los estados son (o al menos pueden ser) diferentes: se rigen por otras reglas, por otros parámetros y términos de referencia.

Aunque sólo sea por ocupar un lugar diferente en el espacio (o en la condensación del vacío) ya son diferentes. Por ello, cada uno de nosotros no tiene (aún) conciencia de que más allá de sí mismo, de los límites de su mapa, existe otra realidad tan real (o más bien irreal o incompleta) como la que percibimos.

El trabajo que realicemos con nuestros pacientes, especialmente en el nivel espiritual, debe aspirar a que tomen contacto con los aspectos superiores de la mente subconsciente (o incluso a niveles más profundos): el superconsciente como lo llaman algunas escuelas de psicología, y nosotros lo nombramos esencia humana o ser esencial, y la forma de aproximación no es otra que un serio compromiso de sí mismo en línea con su desarrollo personal.

La única propuesta que podemos hacer aquí es que si realmente queremos establecer esa conexión con las energías de la vida (podemos llamarla como queramos) es la meditación. Hoy en día hasta la medicina recomienda la meditación para restablecer las anomalías orgánicas debido a los beneficios que conlleva. La meditación zen, la autohipnosis, el *training* autógeno, el método Alexander, la relajación profunda y la respiración consciente conducen a la concentración de la percepción, a la visualización positiva y a estados de positividad profunda, que facilitan el desarrollo y crecimiento armónico y saludable.

En lo transpersonal se establece la relación individuo-grupo, así como su integración o aislamiento del conjunto, y tiene que ver con las enfermedades sociales y universales o las que no tienen tratamiento descubierto.

- ¿Quiénes hay más allá de mí con los que estoy firmemente comprometido?
- ¿Quiénes son los responsables de mi enfermedad?

La espiritualidad, lo trascendente, las fuerzas superiores, el todo, Dios y la relación –incorrecta o correcta– que mantengamos promoverá estados desencadenantes de procesos de enfermedad o nos mantiene en una armonía orgánica o regenerativa, muchas veces imposibles desde el plano científico. Ahí están muchas de las «curaciones milagrosas» donde se producen esos «saltos cuánticos» que sanan a un enfermo terminal.

Preguntas como las siguientes nos pueden dar una clara visión de cómo nos encontramos en los niveles precedentes de transpersonalidad y espiritualidad.

- ¿Qué es lo que existe más allá de mí?
- ¿Qué significa eso para mí?

- ¿Qué repercusión tiene en mi existencia y en mi no-existencia?
- ¿Y en la vida y en la muerte?
- ¿En el universo, en el todo, en la nada?
- ¿Qué visión tengo del más allá, si es que tengo alguna?

Bastaría con atender a las respuestas para conocer la ubicación del conflicto y de la enfermedad en cada nivel.

Cuando preguntas a alguien sobre la forma o modo de su enfermedad verbalizará respuestas del nivel en el que establece las relaciones de enfermedad.

- **Espiritual**. Es un castigo de Dios por mi mala vida.
- **Transpersonal**. Soy un desahuciado, un enfermo social, endémico.
- **Identidad**. Soy un enfermo de sida.
- **Valores**. Estoy así por actuar en contra de mi conciencia.
- **Creencias**. Creo que lo mío no tiene solución.
- **Capacidades**. Soy incapaz de poner remedio a mi enfermedad.
- **Conductas**. Mi sistema nervioso no funciona.
- **Ambientes**. El ambiente nocivo me contagió.

Existe una serie de patrones de comportamiento que si creemos en ellos y los ponemos en práctica pueden alargar la vida y mejorar las enfermedades que solemos llamar «terminales» y «crónicas».

1. En el aspecto de nuestra fisiología:

    - Utilizar por igual ambos lados, ser simétrico en gestos y en movimientos.
    - Mantenerse activo tanto con el movimiento mental como físico.
    - Reír, cantar, conversar con los amigos.
    - Estimular el sistema inmunológico (repiqueteando sobre el timo, escuchando música relajante, visualizando una

mayor cantidad de glóbulos blancos, enviando para que produzcan interluequina, tomando oligoelementos periódicamente, haciendo ligeros ejercicios físicos...).
- Escuchar a nuestro organismo a la hora de ingerir alimentos, y que éstos sean balanceados y naturales

2. Respecto a los patrones de pensamiento y estrategias cognoscitivas:

- Enfocar, buscar y mirar el lado positivo de las cosas. Lo bueno que hay en lo malo.
- Desarrollar la habilidad de reencuadrar situaciones aparentemente negativas.
- Visualizarse y pensarse en perfectas condiciones de salud.
- Utilizar el sentido del humor, tanto mental como en las expresiones verbales, tanto con nosotros mismos como en relación con los demás.
- Ser afines y acercarse a lo que ayuda y alejarse y rechazar lo que no ayuda y lo nocivo.
- Aprender de todos y en todas partes. Proponerse ser eternos aprendices.
- Recuperar aquellas actividades que nos gustaban y añoramos, incorporar antiguos roles queridos.
- Repasar nuestra propia historia e integrar anteriores etapas de desarrollo y experiencias potenciadoras.
- Vivir emociones positivas (paz, alegría, esperanza, comprensión, etcétera) y, sobre todo, amor.

3. Respecto al uso de los metaprogramas es conveniente utilizar aquellas salidas que resultan más beneficiosas como:

- Dirigirnos hacia lo positivo.
- Utilizar y fortalecer nuestro sistema de referencia interno.

4. En el ámbito de las creencias:

- Tener siempre presente que las relaciones cercanas, los amigos, la familia, los vecinos y los compañeros son muy importantes.
- Afianzarnos en la creencia y en los hechos de que somos útiles a los demás.
- Desarrollar firmemente la certeza de que la salud y la vitalidad son los estados naturales del hombre y es normal estar sano.
- Cultivar la creencia y trasformarla en certeza de que la edad avanzada es un beneficio: se es más sabio, se es más paciente, más equitativo y más objetivo.
- Tener en cuenta que todo lo que hacemos requiere esfuerzo, disciplina, que hay que trabajar para ello y merece la pena hacerlo.

5. Respecto de los valores:

- Desarrollar valores superiores.
- Compartir valores con la pareja.
- Ser conscientes de nuestras intenciones profundas u ocultas.

6. Para el desarrollo armónico de la identidad:

- Tener una identidad estable, sin sobresaltos ni altibajos.
- La trayectoria de cualquier ser humano viene dada por su bagaje, por lo tanto es importante tener una identidad que sea congruente con la historia personal, familiar y cultural.
- Intervención psicológica o de desarrollo personal, para cambiar la percepción de uno mismo y de los propios problemas, así como del estilo de vida personal.

7. Un ser humano que no cultive su nivel espiritual es una persona incompleta.

- Es fundamental para el equilibrio y la salud tener una relación continuada con lo espiritual, como sea que lo entiendas.

- Desarrollar la creencia en Dios, en una fuerza sobrenatural o un poder superior.
- Confianza y esperanza en la creencia anterior.
- Búsqueda de la serenidad y amor que procedería de esa creencia anterior.
- Practicar diariamente algún tipo de meditación: de mínimo veinte minutos por la mañana y veinte minutos después de la puesta del sol.

Para finalizar, puntualizaremos y recordaremos aquellas habilidades y cualidades que consideramos imprescindibles para los practicantes de terapia con PNL y que no son otra cosa que dictados del sentido común.

Un facilitador profesional de PNL (master) es aquella persona que ha alcanzado la capacidad en el manejo de los diferentes pasos por los que transita la información humana.

Ha sabido establecer un estado de armonía interno que se refleja en su trabajo y que ha incorporado una serie de habilidades básicas:

- Disponibilidad.
- Adecuado *rapport*.
- Presencia en el «aquí y ahora».
- Capacidad de observación.
- Calibración.
- Detección de «pautas» o patrones.
- Organización mental.
- Capacidad de análisis.
- Capacidad de conceptuar.
- Manejo preciso de técnicas.
- Saber establecer relaciones adecuadas.
- Ser capaz de universalizar o proyectar su experiencia.

Del mismo modo, ha de tener presente y ser consciente permanentemente de:

- La interacción en los niveles lógicos.
- La claridad y concreción de las intenciones.
- La atención al momento, al lugar y a las personas.
- Mantener la dirección: disciplina de pensamiento y acción.
- Precisión en las acciones: control y dominio de las técnicas.
- *Rapport* natural y permanente.

También conviene que esté abierto y dispuesto a una superación constante para desarrollar:

- **Creatividad:** saber improvisar con precisión.
- **Dominio de la técnica:** conocer todo lo que un modelo puede dar de sí.
- **Control de las situaciones:** convertirse en quien dispone del mayor número de alternativas.
- **Flexibilidad:** adaptación a las circunstancias sin alteraciones. «Si algo no funciona, cambia».
- **Carácter:** saber estar y mantenerse en su sitio.
- **Impecabilidad:** hacer las cosas de modo que se sea faro, guía para que los otros puedan fijarse en su navegación.

Todo ello nos conducirá a la auténtica maestría terapéutica que se manifiesta cuando se es lo que se hace y se hace lo que se es.

Y para finalizar, debemos decir que no hay que olvidar que aunque todos creemos tener sentido común, éste es el menos común de todos los sentidos.

«Creer que hemos llegado.
Ese es el problema: creer que hemos llegado.»
SALVADOR CARRIÓN

Direcciones de interés

¿Cómo contactarnos?

Quienes estén interesados en la formación de PNL –tanto en los cursos como en seminarios específicos de terapia– pueden ponerse en contacto con nosotros. Gustosamente les mantendremos informados sobre la programación anual, así como de los eventos específicos que sobre la materia coordinemos en nuestro país y en otros de lengua hispana.

Para ello pueden dirigirse a:

Instituto Español de Programación Neuro-Lingüística (PNL)
Urbanización Mullo de Crusa 11
46191 Villamarchante (Valencia)
Apartado Postal 212
Ribarroja
46190 Valencia
Tel.: 902 154 602
Correo electrónico: iepnl@pnlspain.com
Web: www.pnlspain.com

Bibliografía

ALDER, H.: *La nueva ciencia de la excelencia personal*, Edaf, Madrid.

ANDREAS, S. (1991): *El corazón de la mente*, Cuatro Vientos, Santiago de Chile.

BANDLER, R. (1988): *Use su cabeza para variar*, Cuatro Vientos, Santiago de Chile.

______ (1998): *La magia en acción*, Sirio, Málaga.

CARRIÓN, Salvador (2000): *Curso de Practitioner en PNL*, Obelisco, Barcelona.

______ (1998): *Técnicas avanzadas de PNL*, Mandala, Madrid.

______ (2001): *Autoestima y desarrollo personal con PNL*, Obelisco, Barcelona (2ª ed.).

______ (2000): *PNL para principiantes*, Océano, Barcelona.

______ (2001): *Eneagrama y PNL*, Gaia, Madrid.

______ y María Leslie MARTÍNEZ ALCÁZAR (1999): *Enseñar con éxito*, Luz Verde, Valencia.

CONNIRAE, A. y S. ANDREAS: *Cambia tu mente para cambiar tu vida... y conserva el cambio*, Gaia, Madrid.

DILTS, Robert: *Las creencias, caminos hacia la salud y el bienestar*, Urano, Barcelona.

______ : *Cómo cambiar creencias con PNL*, Sirio, Málaga.

______ y Todd EPSTEIN: *Aprendizaje dinámico con PNL*, Urano, Barcelona.

GRINDER, J. y R. BANDLER (1980): *La estructura de la magia*, vols. I y II, Cuatro Vientos, Santiago de Chile.

______ (1982): *De sapos a príncipes*, Cuatro Vientos, Santiago de Chile.

______ (1993): *Trance. Fórmate*, Gaia, Madrid.

HUNEEUS, F. (1986): *Lenguaje, enfermedad y pensamiento*, Cuatro Vientos, Santiago de Chile.

LUBECK, Walter: *PNL para el crecimiento interior*, Obelisco, Barcelona.

LOFLAND, Donald: *Elimina los virus mentales con PNL*, Urano, Barcelona.

O'CONNOR, J. y J. SEYMOUR (1990): *Introducción a la Programación Neurolingüística*, Urano, Barcelona.

PÉREZ, Federico: *El vuelo del ave fenix*, Pax, México.

______ : Aprendiendo a cambiar, Pax, México.

ROBBINS, A. (1990): *Controle su destino*, Grijalbo, Barcelona.

SAINT, P. J. y S. TENEBAUM: *Excelencia mental*, Robin Book, Barcelona.

MUY PERSONAL

Los libros de autoayuda que funcionan

- *Encontrar pareja*
  Paz Torrabadella
- *El poder secreto de los sueños*
  David Fontana
- *99 Maneras de ser feliz*
  Gottfried Kerstin
- *Dejar de fumar ...para siempre*
  Adriana Ortemberg
- *Tratamiento natural de la depresión*
  Serena Vallés
- *Tu cuerpo habla - la primera impresión*
  Cheri Huber
- *El Código de la felicidad*
  R. Neville Johnston

Otros títulos de esta colección

PNL para principiantes
Salvador Carrión

Nueva edición del Curso práctico de programación Neurolingüística, por el autor más significativo de España y Latinoamérica

El libro de la Meditación
Richard Lawrence

Una guía fascinante para descubrir el potencial que alberga nuestro interior

Entrenamiento mental
Kurt Tepperwein

Cómo desarrrollar el pensamiento positivo para el éxito y el logro de nuestros objetivos